음악을 읽다

 문화중독자의 음악도서 서평집

이봉호 지음

STiCK

문화중독자의 음악도서 전문서평집

음악을 읽다

초판 1쇄 발행 2016년 10월 31일
초판 2쇄 발행 2021년 7월 26일

지은이 이봉호

발행인 임영묵 | **발행처** 스틱(STICKPUB) | **출판등록** 2014년 2월 17일 제2014-000196호
주소 (10353) 경기도 고양시 일산서구 일중로 17, 201-3호 (일산동, 포오스프라자)
전화 070-4200-5668 | **팩스** (031) 8038-4587 | **이메일** stickbond@naver.com
ISBN 979-11-87197-08-9   03300

[원고투고] stickbond@naver.com
출간 아이디어 및 집필원고를 보내주시면 장성스럽게 검토 후 연락드립니다. 저자소개, 제목, 출간의도, 핵심내용 및 특
징, 목차, 원고샘플(또는 전체원고), 연락처 등을 이메일로 보내주세요. 문은 언제나 열려 있습니다. 주저하지 말고 힘차
게 들어오세요. 출간의 길도 활짝 열립니다.

스틱스핸드 S019 | 표지 (한국제지) 아트지 백색 210g/㎡ | 본문 (한솔제지) 미색 백상지 100g/㎡

소중한 마음을 가득 담아서

———————————— 님께 드립니다.

지은이 이봉호

받들 봉(奉)에 넓을 호(浩). 황해도 출신인 외할아버지가 점지한 이름이다. 성북구 장위동 단칸방에서 팝송이 나오는 트랜지스터라디오를 움켜쥐고 태어났다. 초등학교 시절에는 미국산 팝음악에 푹 빠져 살았다. 중학교에 가서는 〈성시완의 음악이 흐르는 밤에〉라는 아트록 FM 방송의 광신도로 변신한다. 자나 깨나 아트록, 꺼진 아트록도 다시 듣는 전천후 음악광으로 연명한다. 고등학교 때에는 수업시간에 록밴드 이름과 곡명을 암기하고, 음악적 공상으로 세월을 죽이는 문제학생으로 거듭난다.

대학시절에는 광화문, 신촌, 명동의 음반점을 제집처럼 드나들면서 음반(LP) 수집에 열을 올린다. 다행히도 세 번의 장학금을 받는다. 공부의 목적은 사회진출이 아니라, 장학금으로 음반을 사는 것이었다. 졸업반 시절에는 전액장학금을 받는다. 당연히 음반 구매에 투자했다. 단기사병 기간을 포함해서 6년간 재즈와 블루스 음악을 마르고 닳도록 듣는다. 외국에 나가는 이들에게 잊지 않고 음반리스트를 전달하는 적극적 인간형으로 알려진다.

어쩌다 보니 직장에 들어갔다. 남들은 자가용에, 룸살롱에, 도박으로 심신단련을 했지만, 여전히 그에겐 음악이라는 두 번째 가족이 존재했다. 쾌도난마의 정신으로 모든 인생을 음악으로 단순화하는 득도의 경지에 이른다. 이번에는 클래식과 브리티시 포크음악에 도전한다. 퇴근 후에는 홍대로 달려가서 또래의 음악광들과 변치 않는 미래를 꿈꾼다. 구관이 명관이라고, 처음 들었던 음악을 지금도 좋아하는 일편단심형 음악인에 속한다. 그의 주변에는 공연기획, 음악평론, 오디오평론, 록밴드, 희귀음반점, LP 카페 등에 종사하는 지인들이 포진하고 있다. 그들은 진취적이고 건설적인 탈자본주의형 음악중독자다.

저서로 『나쁜 생각』, 『나는 독신이다』, 『광화문역에는 좀비가 산다』, 『제9요일』이 있으며, 논문 「20세기 프랑스와 미국 문화지원정책 연구」가 있다. 금융인 문화제 특상, 광명시 신인문학상, 계간 만다라 신인문학상을 수상했으며, 음악잡지에 '포크뮤직'을 연재했다. 영국 노섬브리아 문화경영대학원, 홍대 문화예술 MBA 졸업, 건대 문화정보콘텐츠 박사과정을 수료했다. 문화예술 관련 홍익대학교 및 나사렛대학교에서 강의를 하기도 하며, 마포 FM '라디오네의 별책속으로'에 출연한 바 있다.

이메일 bobjames@naver.com **블로그** http://blog.naver.com/bobjames

태초부터 홍대에는
음악이 살았다

올해 2월 말 음반점 메타복스(METAVOX)를 이전했다. 홍대 근방에서 매장을 운영하면서 정확히 세 번 이삿짐을 쌌다. 술집과 카페가 득실거리는 홍대 번화가에서 음악사업을 한다는 것. 이는 사막에서 오아시스를 만드는 행위와 다름없다. 그동안 메타복스에는 수천 명의 음반수집가가 들락거렸다. 이전한 매장은 상수역에서 홍익대학교로 이어지는 사잇길에 자리 잡고 있다. 여기는 낮에는 한산하지만, 주말 저녁에는 불야성을 이루는 번화가다. 나는 이곳에서 좋아하는 음반을 감상하고, 수입하고, 설명하고, 판매한다. 한 장의 LP에는 수많은 인연과 사건들이 음악과 함께 숨 쉬고 있다. 따라서 나는 소리를 매개로 지인들과 소통하는 사업을 하는 셈이다.

어느 느지막한 저녁 시간에 오래된 손님이 방문했다. 1998년 홍대입구역 인근에 첫 번째 매장을 열었을 때부터 드나들었던 남자였다. 그는 고즈넉한 미소를 건네면서 계산대에 세 장의 CD를 올려놓았다. 음반은 〈Beatle Jazz〉라는, 비틀스(Beatles)의 원곡을 재즈로 연주하는 음악가들의 연작 CD였다. 생각해보니 그와 음악과 관련한 대화를 나눈 적이 별로 없었다. 조용히 음반을 고르고, 간단한 인사말과 함께 마무리하는 게 인연의 전부였다. 그렇게 20년이라는 짧지 않은 세월 동안 알고 지내던 손님이 파란색 바탕의 책을 건넸다. 제목은『나쁜 생각』. 일상에 대한 작지만 울림이 가득한 에세이집이었다.

그 후『나쁜 생각』의 저자로부터 매장으로 전화가 온 시점은 금요일 오후였다. 기억하건대 그가 매장으로 통화를 시도한 건 어제가 처음이었다. 봄의 시작을 알리려는 것일까. 날씨는 원두커피의 두 번째 목 넘김처럼 포근했고, 행인들의 발걸음은 솜털처럼 가벼웠다. 그는 나지막한 목소리로 다섯 번째 책의 추천사를 내게 부탁했다. 만약 봄이 아니었다면, 오래된 인연이 아니었다면, 요란스럽게 음악적 내공을 뽐내려는 자였다면, 나는 어렵지 않게 그의 요청을 거절했을 것이다. 그렇게 우리는 메타복스에서 책에 관한 대화를 나누고, 상수역 근처 카페에서 맥주를 마셨다. 무슨 이야기를 나눴을까. 아름다웠던 1990년대 홍대거리와 빛나는 음악들과 음반수집의 열정과 학교에서 가르치지 않는 역사에 대해서 작은 목소리를 주고받지 않았나 싶다.

그의 글은 온순하지 않다. 문장과 문장 사이에는 적당한 긴장감이 흐르고, 일상을 방치하지 않으려는 고집이 엿보인다. 적지 않은 세월 동안 글을 써왔다는 증거다. 평소 생각했던 그답지 않게 속도감이 넘치는 글을 선보인다. 나는 진짜로 그를 만났던 것일까. 아마도 우린 공기 속을 헤집고 다니던 음악이라는 동료의식으로만 존재했던 것 같다. 이번에는 책을 통해서 그와 두 번째로 소통했다. 다음에는 어떤 모습으로 그가 메타복스의 문을 두드릴지 궁금해진다.

책 『음악을 읽다』는 저자의 음악인생 축소판이다. 그는 책을 통해서 음악 읽는 방법을 세세하게 소개하고 있다. 장르 또한 가볍지 않다. 가요, 록, 재즈, 클래식의 문턱을 자유자재로 넘나드는 전방위적인 서평집이 탄생한 거다. 소개하는 40권의 책을 통해서 우리는 듣는 음악이 아닌, 읽는 음악의 신세계로 빠져들 것이다. 나는 『음악을 읽다』를 통해서 잊고 지냈던 친구와 재회했다. 친구의 이름은 홍대이기도 하고, 음악이기도 하고, 문화중독자라는 작가이기도 하고, 추억이라는 가능성이기도 하다. 태초부터 홍대에는 음악이 살았다. 저자의 무한 건필을 기원한다.

_홍대 〈메타복스〉 대표, 조남결 씀

음악을 읽어야하는
몇가지이유

나는 음악에 미친 40대 남자다. 팔천여 장이 넘는 음반을 수집하고, 음악에 관한 글을 매체에 기고하고, 음악서적과 음악영화, 음악카페를 전전했음은 물론이다. 이러다 보니 주위에서 들을 만한 음반을 소개해달라는 요청이 적지 않더라. 결론부터 말하자면 세상에 좋은 음악은 '있다.'. 그것도 아주 많이. 하지만 좋은 음악과 자신의 기호에 맞는 음악과는 노는 물 자체가 다르다.

불타는 열정으로 알지 못하는 음악을 하나라도 더 건지겠다는 의도라면 모를까. 가볍게 음악을 흡입하기 위함이라면 굳이 나 같은 음악중독자의 도움이 필요치 않다. 그럼에도 거듭 추천음악 요청이 이어지면 이야기가 길어진다. 어떤 장르의 음악을 듣는지, 어떤 악기를 좋아하는지, 어떤 시대의 음악을 찾는지, 어떤 음악가를 좋아하는지 등등의 질문을 통해 범위를 좁혀가야 한다. 음악을 많이 아는 것과 상대방의 음악적 기호를 체득하는 것과는 근본적인 차이가 존재하기 때문이다.

오랜 세월 글을 쓰다 보니 두 가지 방식에 천착하게 된다. 첫째는 다른 작가들이 시도하지 않은 형태의 글이다. 매력적인 글쓰기임이 분명하다. 하지만 과정이 만만치 않다. 새로운 시장인 관계로 위험이 따른다. '고위험 고수익(High risk high return)'이라고 했던가. 평생토록 글을 쓰기 위해선 이 길을 피할 수 없다. 글 쓰는 자의 숙명이자 의무다.

둘째는 시대적 유행에 탑승하는 글쓰기다. 예를 들면 저자 한병철을 필두로 수년간 등장했던 '사회' 시리즈, 치유제라기보다 마취제에 가까운 '힐링' 시리즈, 망가진 현실일랑 깨끗이 잊어달라는 '꿈' 시리즈가 바로 그것이다. 일단 준비하는데 부담이 적다. 여기에 함정이 존재한다. 시작은 만만하지만, 다음부터가 문제다. 이미 출판시장을 뒤흔든 베스트셀러의 후발주자로 나서기란 또 다른 부담을 감수해야 한다. 적어도 그들만큼은 아니지만 무언가 다른 한 방이 있어야 하니까. 이 또한 차별화된 글쓰기가 생명이다. 어설픈 흉내 내기는 작가의 수명을 단축하는 지름길이다. 그렇다고 유행에 둔감한 작가가 독자의 사랑을 받기는 쉽지 않다. 그렇다고 유행에 올인한 작가 역시 독자에게 지루함을 안겨줄 뿐이다.

소개하는 『음악을 읽다』는 서평집이다. 여기까지는 두 번째 방식에 속한다. 장정일, 이권우, 이현우, 정혜윤 등이 활약 중인 서평시장에 또 하나의 숟가락을 올리는 이유는 바로 '음악'에 있다. 지금까지 등장하지 않았던 음악 서평집을 쓴다는데 공력을 모아 보았다. 장르는 가요, 록, 재즈, 클래식, 음악 이론으로 5 등분 해서 이와 관련한 책들을 정리했다. 절판되지 않은 책 위주로 정리하다 보니 아쉽게도 제외한 책이 적지 않았음을 밝혀둔다.

적어도 이 책에 손이 가는 이라면 초보 음악애호가가 아닐 수도 있다. 그들은 산책하듯 음악만을 들으면 그만이니까. 여기서 갈림길이 등장한다.

그렇게 음악을 듣고 또 듣다 보면 '왜?'라는 궁금증이 고개를 쳐들기 마련이다. 인생은 의문의 연속이다. 왜, 사람들은 텔레비전에서 나오는 비슷한 음악에 환장할까. 왜, 미디어에서는 걸그룹의 떼창만 쏟아내는 것일까. 왜, 음악에 순위를 매겨야만 직성이 풀릴까. 왜, 세상엔 혼절할 정도로 좋은 음악이 많은 걸까. 왜, 사람들은 음악을 듣기만 하지 읽으려 하지 않을까.

　무엇인가를 알려고 애쓰는 자는 늙지 않는다. 그들에게 노화란 육체적 변화를 의미할 뿐이다. 노화방지를 위해 보톡스에 투자하고, 영양크림을 발라주고, 비싸고 화려한 옷을 고르고, 억지 미소를 지어봐야 금세 바닥이 드러난다. 왜냐하면, 그들은 껍데기 교양가꾸기에 시간을 허송세월했기 때문이다. 감춰봐야 소용없다. 시간이 흐를수록 그들의 피부는 소나무껍질처럼 거칠어질 것이고, 그들의 머릿속은 광우병에 걸린 황소의 뇌처럼 여기저기 구멍이 산재할 것이다.

　멋진 노후를 원하는가. 그런 이라면 음악을 권한다. 지금 당장 리모컨을 내려놓자. 텔레비전에서 쏟아져 나오는 음악은 일단 접자. 라디오도 좋고 유튜브도 나쁘지 않다. 오늘부터 익숙한 음악과 결별을 선언하는 거다. 이렇게 듣고 또 듣다 보면 부르디외(Bourdieu)가 말하는 취향이란 녀석이 무대에 등장한다. 놀랄 필요 없다. 그대는 서서히 남들과 다른 삶을 가동 중인 상태니까. 취향이란 잠시 머물렀다 사라지는 나그네이기도 하고, 오랫동안 그대 곁을 지켜줄 수호천사가 될 수도 있다. 여기에 음악지식이라는 양념이 추가되면 그제야 교양이라 일컫는 마법사가 등장한다. 순서를 바꾸는 방법도 있다. 음악적 경험에 앞서 일독을 시도하는 거다. 『음악을 읽다』에 등장하는 수많은 음악가와 음악이야기를 읽다 보면 듣고 싶은

욕구가 생길 것이다. 주저하지 말고 '선 읽기 후 음악감상'을 병행하면 된다. 이렇게 읽고 듣기를 반복하다 보면 체질에 맞는 음악을 발견할 것이다. 아는 만큼 들리는 게 음악이다. 시간 날 적마다 듣고 읽기를 게을리하지 말지어다.

제러미 리프킨은 저서 『소유의 종말』을 완성하기 위해 350권의 책과 1천여 편의 논문을 접했다. 그는 6년이라는 시간을 투입하여 2000년에 책을 완성한다. 장인정신이 따로 없다. 『소유의 종말』에는 산업자본주의가 막을 내렸다는 선언적 문구가 등장한다. 그의 말처럼 세상은 소유에서 접속의 시대로 이동 중이다. 접속을 대표할 만한 이데올로기는 다름 아닌 문화다. 이제 문화가 인간의 먹거리를 대체하고 미래를 보장한다. 음악 또한 접속이라는 개념에 가까운 존재다. 이는 현실세계와 사이버 세상을 오가는 교두보로서 역할을 할 것이다.

좋아하는 음악이 중구난방이다 보니 한 가지 음악장르에 관련된 서평집을 기획하지 않았다. 어쩌면 이 책은 독자마다 선호하는 음악이 다르듯이 완독보다는 선택적 독서가 제격일지도 모르겠다. 인성이 변하듯 음악취향도 변한다. 따라서 『음악을 읽다』는 멋진 멜로디나 리듬이 들릴 적마다 마시는 시원한 맥주처럼 즐기는 책이었으면 좋겠다. 생각해보니 그동안 참 많은 음악을 들었다. 어떤 음악은 첫대면의 느낌을 그대로 가지고 있고, 어떤 음악은 기억에서 사라진 지 오래다. 그 모든 음악이 없었다면 이 서평집은 태어나지 못했을 것이다.

내가 좋아하는 음악을 다시 좋아하는 고마운 아내, 4차원 음악광 아들을 묵묵히 지켜봐 준 부모님, 문화지구 홍대를 굳건하게 지켜주는 음악카페 사장님들, 애지중지 모았던 수천 장의 음반들, 지금은 전설이 된 음악잡지 월간팝송, 핫뮤직, 음악동아, 몽크몽크, 아트록지, 음악모임 내슈빌 친구들, 광화문·명륜동·명동·신촌의 상징이었던 중고음반점들, 책에 등장하는 소중한 음악서적들, 주지육림 속에서 묵묵히 빛을 발하는 세상의 모든 음악들에게 이 책을 바친다.

_문화중독자 이봉호

차례

제1장 한국음악을 읽다

제2장 록음악을 읽다

제3장 재즈를 읽다

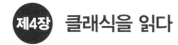

제4장 클래식을 읽다

제5장 다시, 음악을 읽다

사랑처럼 음악에는 국경이 없다. 하지만 언어가 등장하는 음악을 살펴보면 크고 작은 차이점을 발견할 수 있다. 그런 연유에서 가요는 가장 흡입력이 강한 음악장르다. 가요는 빨리 좋아졌다가, 금세 싫증을 느낄 만한 감성적 기재가 존재한다. 언어는 문화 중에서도 가장 전파력이 강한 존재다. 소개하는 장에서는 로커, 음악평론가, 소설가, 국악연주자, 대중문화연구자, 방송인들의 한국음악에 관한 이야기를 고루 선정해 보았다.

제1장

한국음악을 읽다

01
악역을 맡은 자의 기쁨
『마왕 신해철』
신해철

그가 떠났다. 후배들에게는 더없이 다정다감한 선배로, 일그러진 방송권력에 굴복하지 않는 자유인으로, 비뚤어진 세상을 향해 촌철살인을 날리는 자객으로, 늘 새로운 음악을 끌어안는 예술가로 존재했던 젊은 아나키스트가 한국을 떠났다.

서울 〈예술의 전당〉에서 그를 만났다. 그날 공연은 정명훈이 지휘하는 말러 9번 교향곡. 말러는 9번 교향곡을 작곡하기를 두려워했다. 선배 음악가였던 베토벤의 전철을 밟고 싶지 않아서였다. 죽음이 두려웠던 거다. 베토벤은 9번 교향곡을 끝으로 세상을 떠났다. 죽음의 공포를 물리친 건 다름 아닌 음악이었다. 마침내 말러는 평생 친구처럼 지냈던 장녀의 죽음과 오케스트라 지휘자의 사임, 심장병의 고통 때문인 죽음의 서사를 9번 교향곡에 쏟아붓는다. 그렇다. 말러의 9번 교향곡은 이별과 죽음의 필모그래피(Filmography)다.

신해철은 검은색 정장 차림으로 무대 맨 앞줄에 유령처럼 앉아 있었다. 90여 분에 달하는 연주시간 동안 그는 고개를 숙인 채로 음악에 몰입했다. 무슨 생각을 했던 걸까. 앞으로 닥칠 흑세계에 대한 상념의 시간을 가지고 싶었던 걸까.

나는 신해철과 지휘에 몰입한 정명훈을 번갈아 보면서 공연에 빠져들었다. 꿈 같은 시간이 흘렀다. 9번 마지막 악장이 시작되었다. 내게 4악장은 사후세계의 끝, 즉 윤회로 이어지는 생명의 재탄생을 염원하는 기도문에 속한다. 드디어 공연이 끝났다. 아쉬운 듯 공연장을 천천히 떠나는 신해철의 뒷모습은 무거웠다. 2008년 2월 2일 토요일 밤이었다.

사실 신해철의 음악을 좋아하지 않았다. 그룹 '무한궤도'의 유치한 노래가 왜 대학가요제 대상을 받았는지 이해할 수 없었으며, 연애타령이나 하는 그의 초기 솔로음반이 시시했고, 어설픈 프로그레시브 록을 추구하는 넥스트의 음악까지, 모두가 시큰둥했다. 좋다는 음악이란 음악을 마구잡이로 섭취한 탓에 호사스러운 음악적 편견만 지독했던 시절이었다.

생각해보면 신해철의 음악보다는 그의 멘탈을 더 좋아했다. 처음에는 방송에서 폼이나 잡는 건달 연예인 정도로 그를 취급했다. 그런데 그게 아니었다. 전문 인터뷰어 지승호와 함께 완성한 책 『신해철의 쾌변독설』은 인간 신해철과 만나게 해준 일종의 교량이었다. 모르긴 해도 『신해철의 쾌변독설』을 읽지 않았다면 난 끝까지 신해철에 대해서 철저하게 무관심한 존재였을 것이다.

"팬들에게 말한다. 있을 때 잘하라고. 나는 여러분 곁에 영원히 잊지 못할 것이기에." (225p)

모 방송국 연예프로에 신해철이 잠깐 등장한 적이 있었다. 사회자는 개그프로와 방송을 겸직하던 인기방송인이었다. 그는 초장부터 신해철이라는 이름 석 자에 기가 눌릴 대로 눌려 있었다. 두려움이 가득해지면 두 가지 반응이 나오기 마련이다. 찌그러지거나 반발하거나. 사회자는 반발하는 쪽을 택했다.

'나도 당신처럼 세상을 냉소하고 싶은 마음 가득합니다. 그러니까 에둘러 폼 잡지는 말아 주세요.'라는 방식으로 신해철에게 선방을 날리더라. 유치했다. 사회자의 도발에도 뜻밖에 마왕 신해철의 반응은 담담했다. 그는 입가를 살짝 치켜주는 정도로 사회자의 억지도발을 순순히 받아들였다. 결과는 신해철의 판정승이었다.

"우리는 온갖 거짓 신화와 정보조작, 오류와 오판, 편견에 둘러싸여 살아간다. 그리하여, 놀라울 정도로 잘 속아 넘어가며, 무서울 정도로 겁 없이 판단하고, 마침내 나도 모르게 남에게 폭력을 휘두르게 되며 많은 희생자를 낳는다. 지금 우리가 살아가는 이 시대 이 사회를 둘러싼 수많은 거짓 신화와 정보조작의 짙은 안개를 함께 걷어내 보자." (390p)

또 세월이 흘렀다. 이번에는 정치판에 신해철이 나온다는 이야기가 솔솔 들리기 시작했다. 정치인 신해철이라. 청교도 문화가 판치는 나라 미국은 오래전에 재혼한 영화배우가 대통령이 되는 세상을 겪었다. 우리나라는 어떤가. 미국보다 훨씬 더딘 걸음을 걷는 게 연예인의 정치활동이다. 정치인이 '갑'이고 연예인은 '을'이라는 이상한 계급의식이 원인이었다. 실소가 나오는 대목이다.

세상은 변했다. 이젠 여의도 광장에서 10만 인파가 모인 가운데 정치 연설을 해댄다고 사회적 이슈가 되지 않는다. 오히려 방송계에서 알려진 인사가 정치를 하는 게 파급력이 더 높아졌다. 체육관에 유권자를 잔뜩 모아놓고 지루한 출마의 변을 떠들어봤자 별무신통인 시대다. 방송에 강한 자가 정치에도 능한 시대가 온 것이다. 케네디가 그랬고, 클린턴이 그랬다. 게다가 클린턴은 대통령 후보 시절에 TV 방송에서 색소폰까지 연주했다. 이듬해 빌 클린턴은 42대 대통령에 당선된다.

다시 정치인 신해철을 상상해 본다. 솔직히 신해철은 정치인보다는 선동가가 어울린다. 정치인과 선동가가 무슨 차이가 있느냐고? 정치인은 24시간 내내 정치만을 생각한다. 반면에 선동가는 자유롭다. 자신의 사회적 발언이 미칠 영향이 자신의 밥줄을 쥐락펴락하지 않기 때문에 인기성 발언을 떠들 의무가 없다. 원하면 내뱉고 싫으면 침묵하면 그만이다. 공인으로서의 의무는 어찌하느냐고? 답은 간단하다. 선동가 스스로 자신이 공인임을 지워버리면 그만이다. 공인으로서의 행동수칙을 강조하는 자만큼 보수다운 이도 없다.

이제 신해철은 그곳에 없다. 그의 때 이른 죽음이 아쉬웠던 결정적인 이유는 선동가로서 그의 역할이 태산처럼 남아 있었기 때문이었다. 게다가 그는 음악가가 아닌가. 그의 죽음을 어떻게 받아들여야 할까, 라는 고민을 하던 찰나 책 『마왕 신해철』이 등장했다. 다음은 책에서 전하는 고인의 목소리다.

"연예계는 눈이 마주치는 모든 사람에게 굽실거리면서 비굴한 웃음을 짓거나 그러지 않으면 싸가지 없고 거만한 놈으로 찍히거나 둘 중 하나를 반드시 선택해야 하는 비정상적인 세계였다. 나는 후자를 택했다." (172p)

　신해철은 서둘러 스타가 되는 급행열차에 탑승하지 않았다. 개걜 만큼 개개면서 천천히 자신의 삶을 조율했다. 이기적 유전자가 아닌, 자생적 유전자를 배양할 수 있는 토양을 준비한 것이다. 세상은, 연예계는 신해철을 그대로 놔두지 않았다.

　스무 살 무렵까지 제대로 된 싸움조차 해본 적이 없다는 신해철. 그는 팬들이 지켜보는 무대 위로 올라와 삿대질하며 욕설을 퍼붓는 저질 엔지니어를 쇠파이프로 찍었으며, 오락 프로그램에 출연하지 않으면 소속사 동료 가수에게 보복하겠다고 협박하는 삼류 피디의 얼굴에 뜨거운 커피 국물을 쏟아주었고, 일분일초가 아까운 라이브 공연장에서 주머니에 손을 꽂고 어슬렁거리는 스태프에게 마이크를 집어 던졌고, 야외 공연장에서 대기실을 마련하지 않아 가수들을 행려병자 꼴로 취급한 방송사 무대 위로 올라가 짱돌로 무대세트를 부쉈다. 박수 삼창이 나올 만한 대목이다.

　그렇게 십팔 년이라는 세월이 흘러갔다. 그는 연예인을 마치 애완견처럼 취급하는 방송계의 천박한 문화를 타파하는 투사로 성장했다. 그런 가운데 신해철은 자신만의 멘탈을 지켜나간다. 우리나라에서는 마치 연예인이 사회의 도덕적 롤모델이 돼야 한다는 괴상망측한 사고방식이 자리 잡고 있다고 개탄하는 신해철. 오직 살아남기 위해 대중 앞에서 극도로 공손한 자세를 취해야 하는 풍토를 안타까워했던 신해철. 공감한다. 이러한 대중들의 이중적 잣대는 연예인의 정신을 파괴하는 주범이자 살해 방정식이다.

"그러나 나는 나보다 나이가 열 살 이상 어린 멤버에게도 명령조의 말투를 사용하지 않으며 후배들에게 커피 심부를 따위를 시키지 않는다. 내 또래의 멤버들에게는 말할 나위도 없다. '명령'은 존재하지 않는다는 얘기다. '권유와 설득'만이 존재할 뿐이다. 그럼에도 많은 사람들이 '독재자 신해철'의 캐릭터를 원한다. 악역을 맡은 자의 슬픔이랄까." (175p)

그가 남겨놓은 수많은 노래. 그가 방송에서 보여준 빛나는 애티튜드. 두 권의 책 속에 쏟아놓은 촌철살인의 문장들. 그가 보여준 일그러진 세상을 향한 당당함, 끝으로 그가 세상을 향해 미처 쏟아놓지 못한 이야기들. 그가 사랑했던 방송 〈고스트 스테이션〉의 경고문과 구호를 끝으로 글을 마친다.

본 방송을 청취함으로써 발생하는 정신적 신체적 물질적 피해, 불면증, 정서 불안, 귀차니즘, 왕따, 인성 변화, 대인 기피, 가정불화, 발육 부진, 기타 등등에 대하여 〈고스트 스테이션〉 제작진 일동은 어떠한 책임도 지지 않음을 경고 드립니다. 〈고스트 스테이션〉 구호. 바퀴벌레처럼 숨어 살고, 박테리아처럼 번식하며, 바이러스처럼 살아남아 끝까지 번식하여 종국에는 우리가 지배하리라.

02
좋은 음악은 시간을 붙든다
『모든 게 노래』
김중혁

『펭귄뉴스』라니. 도대체 어울리지 않는 이 포스트모더니틱한 단어의 조합이란. 한참 소설 창작의 재미에 빠져 있을 무렵, 『펭귄뉴스』가 불쑥 등장했다. 이 무슨 박민규스러운 제목일까. 호기심 반, 재미 반이라는 심정으로 책을 구매했다. 읽고 나니 머릿속이 포맷된 컴퓨터처럼 멍해졌다. 그렇게 김중혁을 만났다.

이듬해였던가. 작가의 두 번째 소설『악기들의 도서관』을 읽었다. 김중혁은 여전히 사물에 관한 관심을 소설화하는 데 여념이 없었다. 뜨거운 커피에 퐁당 빠진 각설탕처럼 김중혁의 소설은 달콤했다. 조금은 쌉쓰레한 뒷맛이 있었으면 좋으련만 그의 소설은 너무나도 담백했다. 거기까지였다.

2007년 봄이었나. 소설 창작을 그만두고 소설이 아닌 책들을 읽어대기 시작했다. 김중혁의 신작 또한 관심의 굴레에서 멀어져 갔다. 역사책을 읽고, 문화이론에 빠지고, 진보주의자들의 인터뷰집을 섭렵하고, 미술책을 뒤져 보면서 문학에 대한 욕심을 다스렸다. 그렇게 7년이라는 시간이 흘렀다.

인터넷서점에서 구매할 만한 책을 검색하던 중 노란 바탕의 책이 나를 사로잡았다. 이름하여 『모든 게 노래』. 목차를 훑어보니 소설이 아니었다. 이런, 김중혁이 에세이를 썼나 보네. 그것도 환영에 마지않는 음악을 소재로. 일단 클릭. 집에 도착한 책더미 중에서 김중혁의 책에 먼저 손이 갔다. 『모든 게 노래』는 기대를 저버리지 않았다. 이전 소설에서 풍기는 싱거운 맛은 여전했지만, 문장의 응집력은 이전과는 다른 분위기였다. 그렇게, 초여름에 찾아오는 독감처럼 김중혁의 글 조각이 나를 사로잡았다.

부지런히 그의 작품들을 찾아 읽었다. 그제야 김중혁이 작가 김연수의 고향친구라는 사실을 알게 되었고, 홍대 술집에서 지인 소개로 눈인사를 나눴던 인물이란 것을 기억해낼 수 있었다. 작가에게는 조금 미안하지만, 그의 소설보다는 에세이에 높은 점수를 주고 싶다. 김중혁의 글은 빠르게 읽힌다. 단문을 즐겨 쓰는 저자의 취향이 이유일 것이다.

"내가 생각하는 나와 상대방이 생각하는 나는 완전히 다른 사람이다. 진짜 나는 어디쯤 있을까. 내가 생각하는 나에 가까울까. 아니면 상대방이 생각하는 나에 가까울까. 어쩌면 관계를 맺는다는 것은 그 차이를 좁혀나가는 과정일지도 모르겠다." (39p)

저자는 롤링 스톤스보다는 비틀스를 좋아하고, 제니스 조플린보다는 니코를 좋아한다고 밝힌다. 취향의 비밀은 '무심한 목소리'에 있다. 자신의 깊은 곳에 응어리진 무엇인가를 토해내는 음악보다는 멀리서 중얼거리는 듯한 목소리를 선호한다는 말이다. 김중혁은 노래와 글쓰기에서 공통점을 느낀다고 이야기한다. 여기에는 해석과 묘사와 표현이라는 과정이 존재한다.

그는 가수의 노래를 감상하는 것과는 반대로 자신의 목소리를 제대로 들을 수는 없다고 주장한다. 여기서 등장하는 목소리란 자아를 의미한다. 자신의 목소리처럼, 스스로의 모습을 똑바로 응시할 수 있는 자는 존재하지 않는다. 그 모호함을 애써 감추려 할수록 인간은 위악적 존재로 남을 뿐이다.

"혼자 있었고, 계속 소설을 썼고, 소설가가 됐다. 음악이 없었다면, 기타가 없었다면, 나는 어떤 사람이 됐을까. 가끔 그런 공상을 해본다." (70p)

김중혁표 글쓰기의 정체는 모호함에 있다. 어떤 문장을 접해도 핏발선 주장이 터져 나오지 않으며, 양비론으로 치우치는 저자의 날 선 목소리가 들리지도 않는다. 그런 모호함이 묘하게 온몸의 긴장을 누그러뜨린다. 술로 따진다면 양주나 소주보다는 사케나 맥주에 가까운 글쓰기라고나 할까.

그에게 음악은 무엇일까. 제목처럼 모든 게 노래고 음악이었다고 저자는 고백한다. 여기에서 묘한 동지감이 느껴진다. 그의 신작 『메이드 인 공장』의 북콘서트에서 저자는 내게 LP 더미를 그린 작은 그림을 선물했다. 나도 김중혁도 음악에 미친 사람이다. 나도 김중혁도 글을 쓴다. 마지막 남은 코스는 둘이 술을 나눠 마시는 게 아닐까 싶다. 『모든 게 노래』 75쪽을 읽어 보면 맥주 욕심이 끝이 없다는 작가의 변이 나온다. 다행이다. 나도 김중혁도 맥주애호가니까.

"마흔이 넘은 지금도 이해를 믿지 않는다. 누군가를 이해하려고 노력할 수는 있지만 이해할 수는 없다. 결론은 여전하다. '이해'라는 단어는 언젠가 완료될 수 있는 명사가 아니라 영원히 진행할 수밖에 없는 동사일지도 모른다는 생각을 하게 됐다." (93p)

그의 스무 살은 이해와의 거리 두기를 시도했던 세월이었다. 이해를 믿지 않았으며, 누가 누군가를 이해한다는 말, 누군가 나를 이해한다는 말, 자신이 누군가를 이해할 것 같다는 생각까지도 철저히 거짓이라 믿었다. 김중혁은 이런 이해의 변증법에 대한 상황을 우울이라고 표현한다. 내 경우는 조금 달랐다. 서른이 넘을 때까지 이해에 대한 환상을 부적처럼 달고 다녔다. 말하자면 김중혁보다 덜 성숙한 인종이었다. 필자는 누구에게도 이해받지 못하는 스무 살의 단절감이 우울의 원인이었다. 그는 몰이해로 가득 찬 재미없는 세상을 막아줄 고무줄 같은 글을 쓰고 싶다고 전한다.

"예술이 반드시 무엇인가를 비유하고 상징하는 것은 아니다. 늘 현실을 드러내는 것은 아니다. 소리와 형체는 그 자체로 아름답고, 미완성인 자체로 이미 완성된 것이다." (200p)

마지막에 와서야 소리와 관련된 문장을 골랐다. 왜 그랬을까. 생각해보니 음악에 대한 표현 말고도 미각을 돋구는 작가의 문장들이 풍성했기 때문이었다. 『모든 게 노래』에 등장하는 곡들은 내가 즐겨듣는 음악과 싱크로율이 그리 높지는 않다. 예를 들자면 이렇다. 『모든 게 노래』 223쪽에 나오는 음악가들. 즉 글렌 굴드, 블라디미르 호로비츠, 그랜트 그린, 케니 버렐 중에서 내가 '이 양반이네.'하고 좋아하는 양반은 케니 버렐 하나뿐이라는 사실. 글렌 굴드는 두 번째 녹음한 바흐의 골드베르크 변주곡 음반 정도. 나머지 연주자는 그냥저냥. 그렇게 김중혁과 나는 음악적으로 이리저리 다른 사람이라는 걸 깨달았다.

그도 마찬가지일 것이다. 어쩌면 사람들은 그런 작은 차이를 확인하려고 술을 마시고, 대화를 하고, 거친 숨을 내쉬면서 함께 운동하는 게 아닐까. 예술의 확대재생산보다는 예술 그 자체를 흡입하는 작가. 김중혁의 예술적 취향은 소식주의자에 가깝다. 깊이 듣기보다는 그냥 듣기. 해석하기보다는 흘려 듣기. 짠 음식보다는 싱거운 음식 위주로. 김중혁 요리가가 운영하는 심야식당은 오늘도 성업 중이다.

03
경상도산 전자이빨의 넋두리
『전복과 반전의 순간』
강헌

강헌. 이름에서 진한 막걸리 냄새가 풍긴다. 그는 1962년생 부산사나이다. 사진으로 보아선 음악적 사유에 찌든 중년의 이미지가 떠오른다. 하지만 착각은 금물. 강헌은 그런 남자가 아니다. 그의 강의를 한 번이라도 들어본 이라면 강헌이 얼마나 촌철살인의 구라인지 인정할 것이다.

나는 진중권의 북콘서트에서 직접 강헌의 목소리를 들었다. 책『진중권이 만난 예술가의 비밀』을 기념하는 자리였다. 당시 진중권이 공중파 토크쇼에 얼굴을 내밀기 시작할 때였다. 역시나 미디어의 힘은 대단했다. 북콘서트가 시작하기 전 이미 50여 개가 넘는 자리가 만석이었다. 진중권의 원맨쇼로 이어가던 콘서트가 강헌의 등장으로 절정에 달한다.

듬직한 체구에 산발한 머리, 어수룩해 보이는 멜빵바지의 남자. 전공은 국어국문학. 대학원은 음악학과. 졸업 후 독립영화판에서 〈오! 꿈의 나라〉, 〈파업전야〉, 〈닫힌 교문을 열며〉에 참여. 문화잡지 「상상」, 「리뷰」 창간. 공연기획 및 문화평론가로 활동. 이 정도로 양이 차지 않았을까. 폭음으로 대동맥이 파열. 요양생활 동안 명리학에 심취. 이후 음악, 와인, 축구 강의와 더불어 좌파명리학 강사로 맹활약 중이다. 가히 문화계의 사통팔달남으로 부족함이 없다.

『전복과 반전의 순간』은 강헌의 첫 번째 책이다. 유명세에 비해 늦은 감이 없지 않다. 적어도 그에겐 출판보다 소중한 것이 더 많았나 보다. 무엇보다 북콘서트에서 접했던 강헌의 무지막지한 입담에 매료된 이후라서 신간소식이 더욱 반가웠다. 원조구라인 황석영, 백기완의 기세에 뒤지지 않는 그에게 '전자이빨'이라는 별명을 지어 보았다. 강헌이 마이크를 잡았다. 이건 말이지. 진중권의 이빨은 정말 새 발의 피였다. 강헌의 기습적인 등장에 경계심이 가득했던 좌중들의 웃음폭탄이 여기저기에서 터진다. 이게 바로 강철이빨의 내공이다. 필자 또한 30초가 멀다 하고 폭소를 터뜨렸다. 강헌은 웃긴 남자다. 그것도 엄청나게.

"지금은 누가 재즈를 들을까. 미국에서도 재즈는 많이 팔리지 않는다." (58p)

책의 시작은 재즈다. 강헌은 재즈가 댄스음악으로 시작했기 때문에 이른 시간 동안 대중에게 전파되었다고 말한다. 미국을 호령하던 재즈음악은 30년의 호황기를 끝으로 막을 내린다. 기업의 평균수명보다는 조금 길지만 그렇다고 장구한 세월이라 하기엔 부족함이 있다.

이젠 아무리 유명한 재즈뮤지션의 음반이 나와도 1만 장을 넘기기가 쉽지 않다. 음반종말의 시대라 해도 과언이 아니다. 필자 또한 1950년대 스타일의 재즈음악을 즐기는 편이 아니다. 그렇다고 비밥시대의 개척자인 찰리 파커, 버드 파웰, 디지 길레스피의 음반에 자주 손이 가지 않는다. 음질도 음질이지만 거칠고 빠른 연주기법이 주를 이루는 비밥 사운드에 매력을 느끼지 않기 때문이다. 그렇지만 실험적인 현대재즈를 멀리하지는 않는다.

어쨌거나 재즈는 특정 리스너들의 비밀공간으로 화한 지 오래다. 홍대 여기저기를 다녀 보아도 제대로 재즈음악을 트는 카페를 본 적이 없다. 치솟는 월세가 재즈음악을 눌러버린 셈이다. 젠트리피케이션(Gentrification)의 흔적이다. 기껏해야 몇몇 음악카페에서 양념으로 재즈를 틀어주는 게 전부다. 그로기 상태에 빠진 재즈의 면상에 마무리 펀치가 작렬한다. 때는 1960년대. 로큰롤의 재즈에 도전장을 내민 것이다. 에릭 홉스봄은 이런 전이과정을 '로큰롤에 살해당한 재즈'라고 표현한다.

"1980년대 한국의 대학생들 중 로큰롤 팬들은 몰래 집에서 밤에 이불을 뒤집어쓰고 헤드폰으로 혼자 음악을 들어야 했다." (123p)

강헌은 군사독재의 그늘 속에서 1980년대를 보낸 대학생들의 이중적 문화현상을 지적하고 있다. 이들은 민주주의와 민족주의에 대한 강한 애착이 있으면서 한편으로는 서구문화에 대한 동경을 동시에 지닌 존재였다. 고무신에 한복차림으로 등교하는 이가 있는 반면에 청바지에 판탈롱(Pantalon)을 즐기는 학생들이 혼재된 곳이 바로 대학이라는 공간이었다. 이들은 고등학교 시절까지 라디오 방송에서 팝송을 즐겨 들으며 성장했고, 읽지도 않는 〈타임〉을 구매하며 서구에 대한 선민의식에 시달렸다.

한국 로큰롤의 수난사는 여기서 그치지 않는다. 미 제국주의에 저항하는 반미운동 세력이 1980년대를 뒤흔들었다. 록음악은 곧 미국문화에 대한 굴종이라는 사상이 한국문화계를 장악했던 것이다. 이는 음악만의 문제가 아니었다. 문학, 건축, 사상, 회화에 이르기까지 민중이라든지 계급에 관한 주제가 아니라면 가치가 평가절하되는 우울한 시대가 바로 1980년대였다.

"20세기 말 21세기 초의 한국대학 그리고 청년 엘리트들은 살인적인 생존경쟁에 휘말려 더 이상 문화적 대안에 대한 희망을 포기한 것으로 보인다." (173p)

강헌의 대중가요 강의는 1980년대에서 막을 내린다. 그는 서울 올림픽 이후 1990년대에 이르러 아이돌 그룹이 중심인 본격적인 10대 음악문화가 성립되었다고 저술한다. 한편 세대혁명의 최초의 음악언어인 한국 포크음악과 록음악은 1980년대 이후 그 위력을 상실하고 주변의 장르로 밀려났다. 그는 록음악이 여전히 대중음악의 주류를 점하고 있는 미국, 영국, 일본과는 사뭇 다른 양상에 처한 한국의 음악현실을 개탄한다. 또한, 1970년대를 관통했던 통기타 음악 역시 가객 김광석의 죽음 이후 흘러간 옛노래 수준으로 내려앉았다고 토로한다.

저자가 생각하는 한국음악계의 미래는 어떤 모습일까. 전자이빨 강헌은 답변에서 후한 점수를 매기지 않는다. 이는 1997년 외환위기 이후 88만 원 세대라 요약되는 청년세대의 위축, 대학의 정신적 황폐화 때문에 별다른 문화적 대안이 없다는 데에서 방점을 찍는다. 메이저 기획사 중심으로 움직이는 자본적 이윤동기만이 한국 대중음악을 좌우하고 있는 현실은 암울하다. 다윗과 골리앗의 싸움이지만 이에 대항하는 세력 또한 존재한다. 바로 홍대를 중심으로 움직이는 인디문화다. 강헌은 이를 대중문화 전복의 가능성이라 정리한다.

놀랍게도 강헌은 베토벤을 가장 좋아하는 음악가로 꼽는다. 그는 베토벤을 음악 역사상 최초의 로커라고 주장한다. 흥미로운 가설이다. 평생을 비정규직으로 살았던 베토벤을 강헌은 오선지 위에서 공화주의자의 이상을 구현하고자 했던 현실주의자라 명명한다. 강헌은 평범한 외모와 독신 콤플렉스에 시달리던 베토벤을 시민계급의 등장에 힘입어 승리한 계급투쟁의 산증인이라고 부언한다. 더욱 아름다운 것을 위하여 세상에 파괴하지 못할 규범은 없다는 명언을 남긴 베토벤. 베토벤과 강헌의 텔레파시가 통한 것일까. 한국 대중음악계의 산증인이자 대표구라인 강헌의 변함없는 활약을 기대한다. 추가로『전복과 반전의 순간』은 대학로의 지하 강의실 '벙커1'에서 진행한 강의 녹취록을 원고로 활용한 것임을 밝혀둔다.

04
음악에 취한 남자들
『뛰는 개가 행복하다』
신대철 김철영

시나위 출신의 기타리스트 신대철과 라디오 방송국 피디 김철영이 만났다. 이들의 대담집 『뛰는 개가 행복하다』의 북콘서트는 홍대 산울림소극장에서 열렸다. 신해철의 사망과 신대철의 댓글논쟁이 한창이었던 시절이라서인지 나름 숙연한 분위기에서 행사가 진행되었다.

예상대로 신대철은 띄엄띄엄 대화법을 보여주었다. 그의 어투는 장황하기보다 단출하다. 음악에 대한 자존심이 묻어나오는 대목에서는 형형한 눈빛으로 답변을 대신했고, 가끔은 농담 섞인 완곡어법도 서슴지 않았다. 정통 헤비메탈에서 얼터너티브 음악에 이르는 그의 음악인생을 조금씩 꺼내 보이는 식이었다.

아는 바와 같이 신대철은 한국 록의 대부 신중현의 아들이다. 그가 처음 록밴드활동을 했던 시절, 필자는 고등학생이었다. 신대철은 무려 30년간 기타를 움켜쥐고 생존했던 셈이다. 말콤 글래드웰의 '1만 시간의 법칙'을 뛰어넘은 지 오래란 의미다. 댄스음악이라면 모를까. 록은 한국 음악산업에서 저주받은 음악장르로 신 내림을 받은 장르다. 그 척박한 황무지에서 30년이라는 세월은 거의 도인으로 화할 수 있는 시간이다. 한국에서 록음악을 한다는 것. 신대철이라고 왜 먹고사는 고충이 없었을까.

사람들은 그를 김도균, 김태원과 함께 한국을 대표하는 3대 기타리스트라는 미사여구를 동원한다. 신대철은 심할 정도로 말수가 적은 음악인이다. 그런 신대철이 드디어 무거운 입을 열었다. 『뛰는 개가 행복하다』는 로커의 비밀일기라기보다는 나직한 속삭임에 가깝다. 그 속삭임은 안개처럼 나직하게 독자들의 심장 속으로 파고든다. 언제나 그랬지만 큰 목소리보다는 작은 중얼거림이 진폭이 큰 법. 신대철은 절대 목소리의 톤을 높이지 않는다. 하지만 그 울림은 1980년 중반부터 이어진 2세대 한국 록의 역사를 들춰내기에 부족함이 없다.

개인적으로 시나위의 음악은 김바다가 활동했던 시절을 제일 좋아한다. 헤비메탈보다는 얼터너티브 록에 대한 비교 우위적인 기호 때문인지도 모르겠다. 아니면 김바다의 으스스한 샤우팅에 대한 호감이 작용했을 것이다. 따라서 시나위 하면 역시 김바다가 부른 〈서커스〉란 곡이 먼저 떠오른다. '널 힘들게 만드는 모든 것이~'로 시작하는 〈서커스〉는 방황하는 젊은이들을 위한 진혼곡이다. 이제 신대철 자신의 서커스 인생을 살펴보자.

"앨범이 나오고 나서 킹박이 갑자기 난리가 났다. 초판 찍은 게 순식간에 다 나가서 다시 찍고 있다. 이런 얘기를 하더라고. 그래서 반응이 좋다는 건 알았지. 공연장에서도 분위기가 완전히 달라졌고." (69p)

신대철이 이끄는 그룹 '시나위'는 1986년 첫음반을 낸다. 당시 보컬은

임재범과 이병문이었다. 한국 가요계의 미다스 손이라 불렸던 킹박 사단
에 영입된 사건이었다. 킹박이 누구인가. 신중현, 조용필, 양희은, 이문세
의 음반이 그의 진두지휘 하에 탄생했다. 말 그대로 '감이 죽이는' 음반제
작자였다. 그는 결국 1990년대의 음악조류에 적응하지 못한 채 부도를 맞
는다. 킹박은 미국으로 건너가 행려병자로 연명한다.

　　당시 강북에는 김태원, 강남에는 신대철, 대구에는 김도균이라는 기
타귀재가 있다는 소문이 파다했다. 당시 음반녹음을 한 곳은 동부이촌동
의 서울스튜디오. 음반은 이틀 만에 급조하여 완성된다. 시나위의 탄생을
알리는 〈크게 라디오를 켜고〉라는 곡이 데뷔음반에 실려 있었다. 음반 발
표 후 시나위의 인기는 요즘 아이돌 그룹에 비견할 만한 반응을 이끌어낸
다. 아쉽게도 음악은 시나위가 했지만, 수입은 제3자의 주머니로 빠져나
갔다. 신대철은 당시 하드록 밴드에서 활약하던 김도균이 자신의 음악적
롤모델이었다고 토로한다. 시나위는 2집 음반에서 김종서를 영입한다.

　"내가 농담으로 그래. 대한민국에서 서태지한테 담배 심부름시킨 사람은 나밖
　에 없다고. 맞잖아?" (130p)

　　임재범, 김종서로 이어지는 시나위의 계보는 서태지를 영입하면서 전환
기를 맞는다. 신대철은 처음 서태지를 보았을 때 음악적 재능은 뛰어나지만,
음악에 대한 지식은 높지 않았다고 말한다. 시나위에서 활동하는 베이시스
트 서태지. 지금 생각해보면 상상이 가지 않는 이야기다. 서태지의 본명은 정
현철. 당시 히트했던 영화 〈서태후〉와 '엑스 재팬'의 멤버 타이지를 합쳐 서
태지라는 이름을 만들었다. 가명의 아이디어는 서태지의 머리에서 나왔다.

신대철은 음악가 이중산과 함께 활동하던 서태지를 영입한다. 이후 서태지는 김종서와 함께 시나위를 떠난다. 서태지는 신대철에게 아버지도 안 시키는 담배심부름을 시켰다는 이유로 밴드를 떠난다고 통보한다. 지금 생각해보면 재미있는 에피소드지만 과연 그게 이유의 전부였을까. 진실은 서태지만이 알고 있을 것이다. 신대철은 훗날 서태지의 데뷔곡 〈난 알아요〉의 기타연주를 지원한다. 시나위 탈퇴 후 2년 뒤의 사건이다. 시나위는 4집 앨범 발표 후 암흑기를 맞는다. 김종서와 서태지의 동시 탈퇴가 그룹 해체의 결정적인 원인이었다. 리더 신대철은 세션연주로 돈을 버는 생활형 기타리스트로 5년이라는 세월을 버틴다.

"예전에 알던 드럼 치던 후배가 있었는데 크라잉넛 애들을 소개해주는 거야.
애들이 앨범을 내고 싶어 하는데 프로듀서를 해달라고. 좋다고 했지." (170p)

신대철은 시나위 활동과 더불어 영화음악에도 스펙트럼을 넓힌다. 영화 〈나에게 오라〉, 〈북경반점〉, 〈현상수배〉, 〈기방난동사건〉이 그것이다. 신대철은 헤비메탈에 집착하는 음악가라 생각하면 오산이다. 그는 록음악을 시작하기 전 이미 재즈음악과 올드록에 심취했던 인물이다. 그에게 1990년대는 어떤 의미였을까. 한국형 록음악이 사망신고를 하기 직전, 홍대라는 대안이 떠오른다. 인디밴드들이 록스피릿의 계보를 이어 나간다. 명성보다는 음악, 돈보다는 음악, 인기보다는 음악을 추구하는 이른바 '음악형 신인류'가 탄생한 것이다.

크라잉넛과 노브레인, 언니네 이발관, 델리 스파이스, 넬 등이 포진한 인디밴드의 출현에 대한 신대철의 반응은 어땠을까. 그는 새로운 음악적 조류에 대한 객관적인 시각을 가진 음악가다. 또한, 변화에 대한 거부감과 반발이 심한 다수 음악가를 보수적인 존재라고 지적한다. 신대철은 한국 대중문화의 황금기였던 1960~1970년대를 결딴내 버린 군부독재시대를 통과해야 했던 부분이 한국음악계의 아킬레스건이라고 말한다.

신대철은 문화적 노예근성을 버리고 살자고 주장한다. 그에게 진보니, 보수니 하는 진영논리 또한 허튼소리에 가깝다. 어떤 진영이든 간에 잘못한 것이 있다면 호된 지적이 중요하다는 거다. 그에게는 인생도 음악도 일종의 선택 과정이다. 보편적인 음악, 즉 돈도 벌고 인기에도 편승하는 음악이 과연 행복한 삶을 보장하느냐는 별개의 문제다. 격하게 공감한다. 그는 시민 신대철에서 공인 신대철로 발걸음을 옮기는 중이다. 바른음원 협동조합이 첫 번째 시작이다. 그의 모든 행보가 한 편의 멋진 서커스이기를 기원하면서 글을 마친다.

05
잠자는 사자의 피크를 움켜쥐다
『내 기타는 잠들지 않는다』
신중현

소개한 『뛰는 개가 행복하다』가 2세대 로커의 진실게임이라면 『내 기타는 잠들지 않는다』는 1세대 로커의 고백서다. 주인공은 신중현. 이름 석자에서 풍기는 무게감을 보라. 음악사에서도 만약이란 가정이 존재한다. 만약 비틀스나 레드 제플린이 없었다면, 만약 재즈음악이 없었다면, 만약 음악이 지구 상에 존재하지 않았다면, 세상은 사막처럼 지겹고 단조로웠을 것이다. 만약 신중현이 기타를 잡지 않았다면 초창기 한국록은 미국이나 영국 록음악의 카피곡들로 채워졌을 것이다.

『내 기타는 잠들지 않는다』는 중앙일보에서 연재했던 신중현의 음악인생서. 그 시대를 살았던 노년층에게는 향수를, 신중현의 자식뻘인 7080세대에게는 대중음악의 역사를, 이후 디지털 음악세대에게는 놀라움을 줄 만한 이야기들이 가득하다. 초반부에 등장하는 마약사건은 주인공이 살았던 독재시대의 분위기가 감지되는 대목이다.

왜 사람들은 신중현을 록음악의 대부로 부르는가. 그는 음악가이자 사회운동가였다. 서슬 퍼런 군사정권과 맞장뜨는 일화는 협객 시라소니의 활약상에 못지않게 흥미진진하다. 작가는 시대와의 불화를 글로 표현한다. 미술가는 그림으로, 음악가는 가사와 소리를 통해서 시대에 저항한다. 시민은 그들을 영웅이라 칭한다. 용기란 그런 거다. 자신의 가장 소중한 무엇을 통째로 들어낼 수 있을 때야 비로소 세상은 조금씩 변한다. 포기할 수 있는 자가 세상을 바꾼다.

오래전 텔레비전에서 신중현과 신대철 부자가 잼세션(Jam session)을 벌인 적이 있다. 말 그대로 두 대의 기타로 무언의 대화를 나누는 시간이었다. 아니나 다를까. 신중현의 기타톤은 쇳덩어리처럼 묵직하면서 울림의 진폭이 대단했다. 신대철의 톤은 또렷하고 날카로운 소리를 냈다. 권불십년이란 네 글자는 신중현 앞에서는 말장난에 불과했다.

"기타를 치는 시간이면 노동의 고통도 다 잊었다. 그 정도로 음악이 좋았다. 잠은 길어야 너덧 시간을 자면서도 기타 치는 시간은 하나도 아깝지 않았다." (45p)

신중현은 속칭 보릿고개를 넘나들었던 세대다. 그는 초등학교 시절 고아가 되었다. 새벽 여섯 시부터 공장에서 일하는 중학생을 상상해보라. 그렇게 배고프고 외로운 시절부터 신중현은 기타를 잡았다. 친척 집에 빌붙어 살았던 그에게 돈보다는 음악이 먼저였다. 배고픔의 고통도, 고아라는 외로움도, 불투명한 미래도, 음악 앞에서는 별무소용이었다. 그는 서라벌고 2학년 때 처음으로 밤무대에 오른다.

"나는 지금도 돈에 얽매여 음악을 한다면 진정한 음악이 완성될 수 없다고 믿

고 있다. 당시 난 더 큰 걸 생각했다." (133p)

신중현은 뛰어난 음악가였지만 앤디 워홀처럼 예술로 돈을 버는 방법에는 젬병이었다. 1970년대를 주름잡았던 수많은 신인가수는 신중현에게 곡을 받는 것이 꿈이었다. 아무런 친분도 없는 가수를 위해서 무료로 곡을 써 주는 음악가를 상상해보라. 그것도 한국 최고의 음악가라는 평가를 듣는 위치에서. 영악하지 못한 자는 사리사욕에 빠진 인간에게 이용당하기 마련이다. 신중현은 스스로 세상물정에 밝지 못한 사람이었다고 털어놓는다.

"고생을 모르면 인간이 가지고 있는 힘이 약해진다. 자연히 음악에도 힘이 없
게 마련이다." (157p)

그에게는 세 명의 아들이 있다. 그들은 모두 음악가다. 시나위 리더인 기타리스트 신대철, 서울전자음악단의 기타리스트 신윤철, 드러머 신석철까지. 여기에 아내는 한국 미8군 최초의 여성 드러머 출신이다. 이 정도면 김추자, 펄시스터즈, 박인수, 김정미, 장현, 김완선으로 이어지는 신중현 사단에 버금갈 만한 수준이다. 그는 가족에게 음악을 종용하지 않았다. 그렇다고 지난한 음악인의 삶을 말리지도 않았다. 그가 교도소에서 배웠던 노자와 장자의 사상. 무위자연적 삶을 스스로 실천한 셈이다.

이 땅에서 록음악을 한다는 것을 상상해 보았는가. 취미가 아닌 직업인으로 말이다. 이는 세상의 편견과 손가락질과 무시와 불규칙한 수입과 외로움과 창작의 고통을 감수해야 하는 일종의 고행길이다. 신대철은 음악을 하는 자식들에게 이렇게 말했다. 말은 못해도 상관없다고. 말보다는

음악으로 표현하라고. 말로 표현할 수 없는 게 바로 음악이라고.

"음악문화가 잘못 받아들여지면 그저 놀이가 되고 만다. 반면 잘 받아들인다면 마음의 안정을 찾는 도구가 될 수도 있다. 그런 음악을 선보이고 싶다." (227p)

신중현의 음악은 질그릇처럼 투박하다. 세련미보다는 굵직한 선율로 정면돌파를 시도한다. 가사는 직선적이고 꾸밈이 없다. 멋 부리기보다는 단순하고 우직한 자유혼이 넘실댄다. 21세기 유행음악에 익숙한 이들에게 신중현의 음악은 고리타분한 옛노래일지도 모른다. 필자 또한 음반장에 놓인 신중현의 CD에 자주 손이 가는 편은 아니다. 그게 다일까. 그렇지는 않다고 본다. 고전이란 기억에서 사라지지 않는 일종의 비석이다. 세월이 멋대로 흘러가도 손이 가는 음악. 유행의 물결 속에서 묵묵히 살아 있는 멜로디. 우리는 이런 음악을 고전이라 기억한다.

노년기에 접어든 신중현은 대중성과는 거리가 먼 곡을 쓴다. 자신만의 공간에서 명상하고 은둔할 수 있는 삶. 신중현은 자유인의 삶을 추구했고 이를 실현했다. 그렇게 한국록의 전설은 억압과 편견의 삶을 이겨냈다. 다시 묻고 싶다. 지금, 이곳에서 록음악을 한다는 것은 무엇일까. 그 대답은 잠들지 않는 기타를 쥐고 있는 자들만의 것이 아니다. 음악을 사랑하고 배우며 음악을 자신의 친구이자 영혼으로 받아들이는 자들의 호흡과 함께할 때 비로소 록음악은 관 속에서 깨어날 것이다. Rock will never die.

06

그렇다면 평론인가 찬사인가
『가수를 말하다』

임진모

음악평론가 임진모의 책이다. 임진모가 『가수를 말하다』에서 언급하는 가수는 41명. 이 중에서 홍대를 주 무대로 활동했던 음악가는 크라잉넛이 전부다. 여기에서 그의 평론 취향을 알 수 있다. 임진모의 시선은 1990년도에서 시곗바늘을 멈추고 있다. 굳이 『가수를 말하다』가 아니어도 말이다.

아무리 생각해도 1980년대 이후로는 들을 만한 음악이 없다는 일부 음악광의 장탄식을 듣고는 한다. 얼핏 보면 맞는 말 같기도 하다. 하지만 그 시절 이후에도 수많은 음악가가 세상에 명함을 내밀었다. 비록 비틀스나 마일스 데이비스에 버금갈 만한 음악적 광채를 보인 이는 없었지만 말이다. 평생토록 비틀스의 음악 이외에는 듣지 않겠다고 선언한 복고주의자라면 모를까. 적어도 음악중독자라면 속속들이 등장하는 새로운 음악에 귀를 닫을 필요까지는 없지 않을까. 새로운 음악이라면 무조건 싫다고 외친다면 이를 말릴 필요까지는 없겠지만 말이다.

『가수를 말하다』에서는 1960년대 초반부터 1990년대 후반까지 한국음악계에서 활동했던 가수들이 등장한다. 내용보다 가수들을 소개하는 안내글이 더 흥미롭다. 몇 가지 예를 들어보면 다음과 같다. 신해철(인텔리겐치아), 더 듀스(힙합의 완성), 서태지(문화대통령), 김광석(진실한 독백).

임진모는 외국의 음악사례를 소개할 때 영어권 음악에 한정하는 사례가 많다. 이유를 물었더니 언어적인 한계를 지적하더라. 한국어만큼은 아니지만, 영어라는 언어의 이해도가 팝이나 록음악을 이해하는 데 우선이어야 한다는 식이다. 그렇다면 이탈리아어를 자유롭게 알아듣는 리스너만이 이탈리아 음악을 듣고 대화해야 한다는 논리인가? 여기에서 고개가 갸웃거려진다. 솔직히 미국의 랩음악 가사를 100% 알아들을 수 있는 토종 미국인은 절반도 채 되지 않는다. 저자가 말했듯이 밥 딜런의 노랫말이 영원한 연구과제라는 말은 밥 딜런의 음악을 논할 수 없다는 말과 상통한다. 그렇다면 음악평론가는 오로지 한국음악가 외에는 평론할 의미가 없다는 말이 될 수도 있다.

그럼에도 임진모는 강헌과 함께 1세대 음악평론가라는 칭호를 듣는 상징적인 인물이다. 비록 그의 음악시계가 20세기를 끝으로 동작을 멈추었다지만 그 시대의 음악을 말할 수 있는 존재가 있다는 것은 다행스러운 일이다. 역으로 말하면 2세대 음악평론가들이 너나없이 1960년대 음악에 대해서는 함구하는 태도와 병치할 수 있는 부분일지도 모르겠다.

"그는 음악가는 무엇보다 음악을 부지런히 듣고 접해야 한다는 사실을 강조한다. 한 가지 스타일에 고정되어서는 오랜 시간을 버틸 수 없다. 고인 물에 어찌 롱런을 기대하겠는가."(69p)

설명의 주인공은 가왕 조용필이다. 임진모에 의하면 조용필은 다양한 음악장르를 자유자재로 넘나들었다. 록, 트로트, 뉴 웨이브, 댄스, 포크, 솔 등 등. 이 정도면 백화점식 나열에 가깝다. 중요한 건 장르보다 조용필 스타일의 음악에 있다. 예를 들어 기타리스트 산타나는 어떤 기타를 잡아도 비슷한 톤의 연주를 들려준다. 조용필 또한 마찬가지다. 그에게 장르란 자신의 음악을 완성하기 위한 양념에 지나지 않는다. 조용필은 영리한 음악가다.

유능한 예술가가 한 가지 스타일만을 고집하지 않는 것은 노래뿐만이 아니다. 글쓰기에서도 한 장르에 천착하는 방식은 위험하다. 물론 그 방면의 전문가가 되기 위해서 동일한 주제나 형식의 글쓰기를 수십 년간 하는 작가 또한 존재한다. 소설로 치면 윤대녕이나 박상륭이 이런 부류에 속한다. 선택은 결정하는 자의 심장에 달려 있다. 조용필은 다양성을 선택했다. 중요한 건 다양성을 조용필다운 모양새로 소화해낸 내공에 있었다.

"록의 기반이 허약했던 1980년대 중반에 이들이 거둔 60만 장이라는 앨범 판매량을 경시할 수는 없다. (중략) 사실 뒤에 나타난 어떤 국내 록그룹도 그만한 판매열풍을 일으키지 못했다." (193p)

다시 문제 하나. 위 그룹명은 무엇일까. 부활, 시나위, 사랑과 평화, 산울림? 전부 아니다. 정답은 '들국화'다. 임진모는 들국화와 비틀스와의 연관성에 주목한다. 당시 한국의 음악그룹은 음반발매 후 공연을 통해서 수익을 보장받는 식이었다. 하지만 들국화는 음반발매 이전부터 이미 공연으로 대중들에게 존재감이 알려진 상태였다. 이는 1960년대 초반부터 공연활동에 매진했던 비틀스와 공통점이 있다고 저자는 강조한다.

두 번째는 들국화 멤버 전원이 실제로 비틀스광이었다는데 있다. 실제 들국화는 비틀스의 작업방식을 지향했다. 전인권은 존 레넌을 추앙했고, 최성원은 폴 매카트니를 영웅시했다. 조덕환, 주찬권, 허성욱 역시 비틀 마니아였다는 점에서 저자는 들국화의 시원에서 비틀스라는 영원불멸의 음악가들을 말하고 있다.

"사실 앨범이라는 것도 최근에는 새로 나와서 그 생명이 한 달을 넘기지 못하는 반짝들이 부지기수다. 재미와 감각은 음악을 한 주 턱걸이의 짧은 유행가로 만들었다. 이런 상황에서 만약 오랜 세월이 지나도 여전히 음악팬의 가슴을 울리는 음반이 있다면 그것은 분명 걸작일 것이다." (230p)

소개하는 그룹은 '어떤 날'이다. 텔레비전에서 나오는 가요만을 즐기는 이에게는 생소한 그룹임이 틀림없다. 『가수를 말하다』에 등장하는 1980년대 중반 이후의 음악가들을 살펴보자. 김현식, 유재하, 김광석, 이선희, 이문세, 들국화, 김완선, 최성수, 이승철, 시인과 촌장, 변진섭, 인순이, 윤상, 이승환, 신해철, 김현철, 공일오비, 서태지, 듀스, 이소라, 크라잉넛이 그들이다. 이 중 들국화, 시인과 촌장, 신해철, 크라잉넛 정도를 제외하면 대중성과 인지도가 모두 높은 음악가들이다. '어떤 날'은 대중성과 인지도 모두 높지 않다는데 선별의 의외성이 보인다. 임진모는 단 두 장의 음반을 내고 사라진 어떤 날의 음악세계를 '서정의 울림'이라고 정의한다.

저자는 『가수를 말하다』에서 소개한 아티스트에 대한 경배와 존경의 마음을 책머리에 싣고 있다. 임진모가 생각하는 음악평론가란 음악가에 대한 봉사의 마음이 있어야 하는 존재다. 따라서 『가수를 말하다』는 비평이라기보다 찬사의 문구들로 가득하다. 이는 풍자와 해학으로 가득 찬 음악평론가 강헌과 대비되는 대목이다. 찬사 일변도의 글에서 다가오는 모호함은 비난 일변도의 글에서 느껴지는 정서적 거부감과 비슷한 무게를 지닌다. 저자는 오로지 21세기에 몰아닥친 댄스그룹들의 춤사위가 싫었던 것일까. 한국 대중음악의 종착역이 20세기라면 그들에게 비판의 여지는 전혀 없었던 것일까. 꼬리에 꼬리를 무는 궁금증을 뒤로하고 책을 덮는다. 자신을 기성과 현실을 따라가기 싫은 자라고 말했던 신해철처럼 글로 세상과 싸우는 신선한 음악평론을 기대해본다. 이는 다음 세대 음악평론가의 몫으로 남겨두자.

07
미궁에서 탈출하다
『깊은 밤, 그 가야금 소리』
황병기

어쩌다 보니 고등학교 3학년 여름방학이었다. 필자가 살았던 아파트 단지 관리실 건물 2층에는 50명 남짓한 인원이 들어갈 만한 독서실이 있었다. 다른 건 몰라도 에어컨 시설이 훌륭해서 무더위를 물리치기에는 부족함이 없었다.

이곳에서 대학입시를 위한 배수의 진을 치기로 했지만, 공부는커녕 독서실 친구들과 어울리는데 배수의 진을 치는 꼴이 되었다. 그해 여름, 내 공부농사는 역대 최고의 흉작이었다.

흥. 단순암기식 입시공부는 록스피릿으로 중무장한 나와 어울리지 않았어. 지금에서야 호기 있게 이런 독백이라도 내뱉을 수 있지만, 당시만 해도 어림없는 주장이었다. 어쨌거나 독서실 맨 구석 자리에 터를 잡고 매일 그곳을 드나들었다. 생각은 넘치고 실행은 더딘 세월이었다. 그 빈 공간을 독서실에서 알게 된 친구들과 음악타령과 인생타령으로 채웠다.

독서실에서 내가 유명인사로 알려진 사건이 있었다. 사건의 주인공은 황병기였다. 이런 음악 들어봤어? 음악광들에게 이보다 더 도발적인 질문이 있을까. 난 공부에 찌든 범생이들한테 시원한 납량물을 선사하고 싶었다. 독서실 책상 위에는 황병기의 가야금 3부작 테이프가 놓여 있었다.

그중에서 〈미궁〉은 단연 시리즈의 백미였다. 〈미궁〉을 통해서 목소리의 주인공이 홍신자임을 알게 되었고, 가야금의 선율이 어쿠스틱 기타와 하프의 그것에 조금도 뒤지지 않는다는 자부심을 얻었다. 음악을 들어 본 독서실 가족들의 반응은 말 그대로 집단 멘탈붕괴였다.

불면증에 걸렸다는 여학생으로부터 어떻게 이런 음악을 발매할 수 있느냐는 항의성 발언까지. 어쨌거나 난 〈미궁〉으로 독서실의 슈퍼스타로 등극했다.

『깊은 밤 그 가야금 소리』는 1994년에 나온 초판을 2012년 양장본으로 개정 발간한 책이다. 황병기의 음악인생을 에세이 형식으로 풀어낸 방식을 취하고 있다. 그의 정갈한 가야금 소리처럼 글의 흐름은 유려함의 극치를 보여준다.

도대체 한국에는 어떤 전통음악이 있느냐는 외국인들에게 자신 있게 내밀 만한 음악이 있다는 것. 그들로부터 놀랍다는 인사성 발언이 아닌, 아름답고 멋지다는 감탄사가 나올 만한 음악이 바로 황병기의 가야금 연주다. 지루하고 건조한 국악연주의 신기원을 이룬 자. 지금부터 깊은 밤, 그 가야금 소리를 들어보자.

"나의 가야금 독주곡 〈침향무〉, 〈비단길〉 그리고 인성(사람의 목소리)과 가야 금을 위한 〈미궁〉은 각기 전혀 다른 곡들이지만 한 가지 공통점을 갖고 있다.

이 세 곡은 다 같이 음악이 끝나기 직전에 많은 음들이 한데 휘몰아치면서 음향적인 혼돈을 이룬 다음, 다시 음악적인 정상 상태를 회복하는 형식을 갖고 있다."(86p)

서울법대 재학생이 가야금 작곡가 겸 연주자로 활동한다는 것. 취미가 아니라 이를 직업으로 삼는다는 것. 출세가 보장된 탄탄대로에서 이탈하는 자를 세인들은 아웃사이더라 부른다.

강준만의『아웃사이더 콤플렉스』를 보자. 그는 아웃사이더 기질을 공격적으로 표출하는 사람이 인기를 얻을 수 있다고 설명한다. 여기서 말하는 인기란 동전의 양면과 다름없다. 당장은 튀어 보일지라도 조금만 인기가 시들해지면 어퍼컷이 날라온다. 이게 사회다. 따라서 사람들은 내재한 아웃사이더 기질을 억누른 채 대부분의 일상을 인사이더인 양 해맑은 미소를 지은 채 거짓 세상을 살아간다.

황병기 역시 아웃사이더의 인생을 온몸으로 받아들인 인물이다. 가족들의 반대는 말할 것도 없었다. 국악과 관련한 음악대학 자체가 존재하지 않았던 시절에 가야금을 업으로 삼겠다는 아웃사이더의 결심은 대학졸업과 동시에 시원한 역전타를 터뜨린다. 서울대 대학원에 신설하는 음대 강사자리가 생긴 것이었다. 이후 그는 공연장 지배인, 화학회사의 기획관리실장, 다큐멘터리영화 제작사, 출판사 대표 등의 직업을 전전한다.

명인 황병기는 음악이 독자적으로 연주되고 감상되는 것은 근세 서양에서 일반화된 것일 뿐이라고 역설한다. 본래 음악이란 의식이나 놀이와 함께 연주되었다는 그의 음악론에서 국악주자로서의 권위의식은 찾아보기 힘들다. 그가 완성한 가야금 3부작은 국악의 세계화를 염두에

둔 시도였다. 그는 1960년대부터 국악의 미래를 예견했다. 전통적인 연주기법만 주장하는 국악의 시대가 지났다는 저자의 생각은 정확히 들어맞는다.

> "합리적이고 객관적인 듯한 이유를 들어 국악은 지루한 음악이라고 단정하는
> 사람들은, 개화 이후 우리의 타율적인 사회에서 자신도 모르게 길들여진 서양
> 음악의 식민지인이거나 편협된 음악 정서를 지닌 사람일 것이다." (139p)

소개하는 국악예찬론이 부담스러운가? 그렇다고 황병기가 어수룩한 국수주의자나 전통음악 옹호론자라고 오판해서는 안 된다. 그는 존 케이지와 쇼스타코비치, 스트라빈스키의 실험정신을 좋아하는 음악가이다. 황병기에게 현대음악이란 가야금의 미래를 점칠 수 있는 일종의 네온사인이었다. 그는 누구보다 먼저 국악과 클래식의 접점을 발견한 존재였다.

황병기의 예술세계는 이 정도로 그치지 않는다. 비디오 아트의 선구자인 백남준과 협연을 시도한 것이었다. 뉴욕에 거주하던 백남준의 초대에 선뜻 응한 동기는 간단했다. 황병기는 백남준이 시도했던 무대에서의 행동 자체가 중요한 음악적 의미가 있으며, 그 목적성은 협연 속에 이미 포함되어 있다는 점을 간파한다. 예들 들면 베토벤의 피아노 소나타 연주를 숨죽이고 듣는 과정이 존재하듯이 행동음악은 무엇이 어떻게 일어나고 있는가가 문제지 메시지는 애초 염두에 없다는 것이다.

백남준의 무대선언과 샤를로테 무어맨의 행동예술 그리고 황병기가 펼치는 7분간의 가야금 즉흥연주는 뉴욕 예술애호가로부터 엄청난 반

향을 불러일으킨다. 케이팝을 세계에 알린 가수가 싸이라면 그보다 무려 40년 일찍 국악의 세계화를 전파한 이가 황병기라는 사실을 아는 이는 그리 많지 않다. 황병기는 1965년 4월 하와이에서 열린 20세기 음악예술제에 초청받는다.

"사람들은 대중적인 것을 좋아한다고 하지만, 사실은 비대중적인 것을 갈망하기도 한다. 누구나 늘 듣던 음악과 전혀 다른 새로운 음악을 듣고 싶은 충동 또한 의식의 심층에 있기 때문이다." (219p)

'절묘한 음색과 아름다운 선율은 현대인의 정신적인 해독제.' '서양음악의 영향을 찾아볼 수 없는 전통적인 한국작품이면서도 현대적인 작품.' 소개한 음악평은 황병기가 1960년대 중반에 감행했던 6개월간의 미국 연주여행의 출사표다.

『깊은 밤, 그 가야금 소리』에서 황병기는 자신의 성장기와 음악관, 국악이론, 연주활동기에 이르기까지 다양한 각도에서 자신의 음악론을 털어놓는다. 흔히 국악 하면 보수적이고 고집스러운 사람들의 전유물이라고 생각하기 쉽다. 그러한 선입견을 단박에 날려버리는 자의 생생한 목소리가 있다. 아니, 책을 접하기 전에 황병기의 가야금 3부작을 먼저 추천한다. 공자가 말했듯이 "마음이 하고자 하는 것대로 하여도 법도에서 벗어나지 않는다."라는 인생의 최고단계를 경험할 수도 있을지니.

08

10년의 약속
『공감』
EBS 스페이스 공감 제작진

2004년 4월 1일은 무슨 날일까? 일단 만우절은 빼고. 난이도 고급에 속하는 퀴즈의 정답은 한국 최고의 공연방송인 〈EBS 스페이스 공감〉(이하, '공감'으로 표기)이 대망의 첫걸음을 시작한 날이다. 『공감』은 방송 10주년의 흔적들이 오롯이 새겨진 책이다. 두툼한 책의 무게감처럼, 『공감』은 음악중독자들의 허기를 채워주고도 남을 만한 명공연들을 차곡차곡 쏟아냈다. 그렇게 2,300여 회에 달하는 공연들은 문화부재의 나라의 마지막 자존심을 세워줄 만한 멋진 기억으로 남았다.

책은 크게 세 개의 장으로 나뉘어 있다. 첫 번째는 10개에 달하는 연도순으로 기억할 만한 공연화보와 함께 뮤지션의 소개가 실려 있다. 두 번째는 한국의 신인뮤지션과 외국 유명뮤지션의 공연을, 마지막에는 〈공감〉에 참여했던 방송 제작진의 인터뷰가 등장한다. 홍대를 중심으로 활동하는 인디뮤지션을 주축으로 재즈, 국악, 민속음악, 록, 포크, 헤비메탈 등 방송을 도배질하는 걸그룹이나 댄스뮤직을 제외한 전 장르가 등장한다. 연도순으로 등장했던 〈공감〉 주요 뮤지션을 골라 보면 다음과 같다.

2004년 이승열, 클래지콰이, 한영애, 황병기, 마이 앤트 메리
2005년 허클베리핀, 이상은, 블랙홀, 한대수, 푸른새벽, 자우림
2006년 이루마, 안치환, 시나위, 크라잉넛, 장사익, 신중현
2007년 몽구스, 조규찬, 바세린, 말로, 이은미
2008년 스위트피, 강산에, 스웨터, 언니네 이발관, 인터플레이
2009년 국가스텐, 장기하와 얼굴들, 로다운 30, 서울전자음악단, 코코어
2010년 페퍼톤스, 송창식, 김창완 밴드, 옐로우 몬스터즈, 나윤선
2011년 버벌진트, 게이트 플라워즈, 십센치, 백현진, 더 문샤이너스
2012년 옥상달빛, 잠비나이, 고찬용, 3호선 버터플라이, 고희안 트리오
2013년 술탄 오브 디스코, 윤석철 트리오, 김창기, 장필순, 박성연
해외 뮤지션 : 마이크 스턴, 제이슨 므라즈, 에디 히긴스, 토미 엠마뉴엘, 포플레이,
　　　　　데이브 그루신&리 릿나워, 클로드 볼링 빅밴드, 랄프 타우너

라인업을 살펴보면 1990년대 후반 이후 활동을 시작한 인디뮤지션의 비중이 압도적으로 높다는 것을 알 수 있다. 일반 TV방송에서 쉽게 접할 수 없는 음악에 초점을 맞췄다는 사실이다. 시청률에 모든 것을 거는 방송풍토에서 가능이나 할 법한 이야기일까. 궁금증에 대한 답변은 책 후반부에서 확인할 수 있다.

"한국 대중음악의 젖줄과도 같은, 유구한 역사를 이어오고 있는 포크 장르는 사실 고독한 예술가의 초상을 가장 잘 엿볼 수 있는 철저하게 비대중적인 장르이기도 하

다. 이 말은 곧 대중의 시선에서 벗어나 묵묵히 자신만의 음악세계를 구축해온, 우리가 미처 기억하지 못하는 수많은 포크 뮤지션들이 존재했음을 의미한다." (22p)

웬만한 포크음악 애호가라도 김두수라면 고개를 갸웃거릴지도 모른다. 도대체 김두수가 누구인가. 라이선스 LP 가격이 수십만 원을 호가하는 건 둘째 치고 그의 정념 어린 목소리를 듣는 순간 정신이 이탈하는 체험이 가능하다. 다행스럽게도 그의 일부 음반은 CD로 재발매된 상태. 김두수의 어떤 음반을 고를지 고민스럽다면 주저하지 말고 최고작으로 평가받는 3집 〈보헤미안〉을 놓치지 말기를.

〈공감〉에서는 김두수, 곽성삼과 함께 한국 언더그라운드 3대 포크음악가인 이성원이 등장한다. 이게 바로 〈공감〉의 힘이다. 〈나가수〉니 〈복면가왕〉이니 하는 등수매기기 또는 서바이벌 게임의 공중파가 판치는 방송계에서 상상도 할 수 없는 일이다. 아는 바와 같이 포크음악은 가창력이나 외모, 춤실력으로 승부를 거는 장르가 아니다. 가창력이라면 오페라 음악가가 최고이며, 외모와 춤실력이라면 성형미인들이 판치는 떼춤군단이 우선이다.

"지금까지 우리가 지켜본 것에 따르면, 이 시대의 젊은이들은 그다지 대표성이나 책임이 없어 보이는 누가 미안하다고 사과하고는, 그래서 아파서 좋은 거라고 달래다가, 갑자기 인문학의 이름으로 나태함을 꾸짖는 힐링의 시대를 거치고 있다. 젊은이들에게 친구들과 어려움을 나누고, 동시대의 예술에서 위로를 얻으라고 말하는 이는 별로 없다. 하지만 다행히도 우리에게는 옥상달빛이 있다." (205p)

이보다 더 멋진 옥상달빛에 대한 소개글이 있을까. 옥상달빛이라는 이름에서 감을 잡은 독자들이 적지 않을 것이다. 느낌 그대로 이들은 인디뮤지션이다. 기형적인 음악산업이 판을 치는 21세기 한국 대중음악판의 대항마는 음악평론가 강헌이 언급한 대로 인디음악이다. 인디뮤지션의 작명기법에는 키치문화가 내장되어 있다. 포스트모더니즘(Postmodernism)의 사생아인 키치문화는 고급예술과 저급예술의 경계 자체를 넘나드는 나비와 같은 존재다. 동갑내기 여성 듀오의 작은 울림은 1세대 여성 포크듀오인 〈현경과 영애〉, 2세대 주자 〈고은희, 이정란〉의 정신을 이어가는 작지만 빛나는 존재다.

"〈공감〉을 강력하게 지지하던 사장이 방송국을 떠나고 초기부터 함께하던 피디들도 하나둘 떠나면서 프로그램이 매해 존폐위기에 처하기 시작했다. 그때마다 '어떻게 하면 이 프로그램을 육 개월이라도 더 살릴 수 있을까?' 생각했던 것 같다. 그런 식으로 겨우겨우 버티면서 어느 시점을 지나고 나니 점차 외부에서도 인정받게 되고, 시청자들도 EBS를 이야기할 때 〈공감〉을 많이 언급하기 시작했다. 편성시기 때마다 〈공감〉 존폐 얘기가 나오지 않게 되기까지 오륙 년 정도 걸렸다." (387p)

다행이다. 비예술적일수록 환대받는 방송계에서 〈공감〉은 황금알을 낳는 거위가 아니었다. 백로는커녕 까마귀 중에서도 변종에 속하는 프로그램이었다. 그런 〈공감〉을 살려내기까지 백경석이라는 인물을 언급하지 않을 수 없다. 그에 의하면 자신뿐 아니라 제작진과 책임자의 헌신적인 지원이 있었다고 한다. 다음 문제는 콘텐츠였다. 〈공감〉의 정체성은 인터뷰에 소개된 대로 적당히 계몽적이고 고급스럽고 지속적인 라이브를 공급하는 것이었다. 다행스럽게도 〈공감〉이 첫울음을 터뜨렸던 2004년은 한국재즈 3세대가 맹활약을 시작하던 시기였다. 당연히 선택지는 재즈였다. 연주자의 기량 또한 출중했음은 말할 것도 없었다. 문제는 이들의 빛나는 음악적 재능을 담을 만한 그릇이 없었다는 거다.

방송 〈공감〉에 대한 문화중독자의 서평은 찬사 일변도로 도배질을 했다. 하지만 떳떳하다. 과연 어떤 이가 〈공감〉에게 돌팔매질을 할 것인가? 다음은 방송 〈공감〉이 아닌 책 『공감』 차례다. 찬사 일변도를 이어가기에는 아쉬운 구석이 눈에 띈다. 방송을 책으로 옮기기까지 출판사의 고민이 많았음 직하다.

10년의 방송, 2,300여 회의 공연기록을 책으로 담기에는 부담이 크다. '사진의 이미지를 줄이고 공연소개 지면을 늘렸다면 어땠을까?'라는 생각이 든다. 〈공감〉의 최고 자랑은 다양하면서 대중적으로 알려지지 않음 직한 음악가들을 소개하는 거니까. 후반부 인터뷰 자료는 〈공감〉을 공감하는 데 필요한 편집이었다고 인정하고 싶다. 10년의 약속을 지켜낸 방송 〈공감〉과 책 『공감』을 동시에 축하하는 아티스트들의 목소리를 끝으로 글을 마무리한다.

둥지 같은 공연장, 나는 새가 되어 날아갔다 (김창완)

뜨뜻미지근함으로 절대 이루지 못할 한국 대중음악의 기적 (이승열)

앞으로도 한국 대중음악의 허파가 되어 주기를 (자우림)

고집스런 뮤지션들에게 커다란 힘이 되는 무대 (장필순)

우리나라 최고의 음악방송, 그 존재만으로도 감사하다 (술탄 오브 더 디스코)

어떤 외국인이 지금 한국의 음악이 무엇이냐고 물어본다면 〈공감〉을 보면 된다고 말할 것이다 (허클베리핀)

09
500원의 행복을 찾아서
『빽판 키드의 추억』
신현준

신현준의 글은 단단하다. 무릇 '단단한 글쓰기'란 두 가지 외양을 지닌다. 하나는 진중함과 논리적 오류를 최소화하려는 학자 특유의 습성이다. 다른 하나는 읽는 내내 감수해야 하는 재미없음, 즉 보편적 지루함이다.

대중문화에 이론적 기틀을 만들기 위한 그의 노력은 한마디로 눈물겹다. 그 노력의 결실이 한국 대중문화계의 발전으로 이어지는 날이 하루빨리 오기를. 그런 사명감과 책임감이 대중문화에 대한 딱딱한 형식의 글쓰기를 유도한 것이 아닌가 싶다. 어쨌든 신현준은 가요와 록음악을 중심으로 지금도 끊임없는 연구를 거듭하는 중이다.

그동안 출간했던 신현준의 출간물 또한 음악이라는 소재에서 벗어난 적이 없다. 전방위적인 글쓰기를 지향하는 필자로서는 부러운 부분이 없지 않다. 논문의 냄새가 풍기는 신현준의 저작 중 가장 부담 없이 읽을 만한 책을 추천해 본다. 제목 하여 『빽판 키드의 추억』

이다. 작품의 무대는 엘피(LP, Long Playing record)가 전성기를 누렸던 1970~1980년대라는 의미다. 책의 제목은 독자들을 유혹하는 첫 번째 관문이다. 자유로운 독서를 즐기는 독자에게는 구어체 형식의 제목이 적당하다. 단단한 독서에 취한 독자에게는 문어체의 제목이 효과가 있다.

　　나는 속칭 '빽판세대'다. 대학시절, 청계천에 들러 먼지 묻은 빽판을 뒤적거리던 세대였다는 말이다. 당시 빽판의 평균가격이 500원이었다. 자장면 가격이 1,000원이던 시절이었으니 빽판 두 장 값이면 한 끼 식사가 가능했다. 음질은 판의 복사상태에 따라 천차만별이다. 들어보고 살 수가 없으니 대충 음반껍데기의 인쇄상태를 보고 그 자리에서 결정해야 했다. 음질이 심하게 안 좋아도 어쩔 수 없었다. 이게 바로 라이선스도 원반이 아닌 빽판의 운명이었다. 빽판의 표지색은 주로 파란색과 초록색이 주를 이루었다. 간혹가다 연두색이나 붉은색 빽판이 등장하기도 했다. 가격과 음질 면에서 가장 빈약했던 빽판은 늘 필자의 레코드장 맨 아래 칸에 둥지를 틀어야 했다.

　　이제는 어디를 가도 빽판을 구경할 수 없다. 변함없이 LP를 사랑하는 이들의 거실이라면 모를까. 빽판은 공룡처럼 변화의 물결 속에서 화석으로 남아버렸다. 솔직히 사라진 모든 것들이 아름답다고 말하는 것은 오버다. 인간의 머릿속에 추억이라는 조각들이 유전자 변형을 꾀하는 것일까. 사람들은 멍청하게 때로는 용감하게 추억이라는 유물에 손을 들어준다. 그럼에도 빽판은 아름다운 추억거리에 속한다고 단언한다. 그 속에는 음악과, 사랑과 이야기가 쉼 없이 자글거리기 때문이다.

"빽판이 끼친 영향은 매우 엄청났다. 다름 아니라 현재(2006년) 30대 중반 이
상의 사람들은 주로 이 빽판으로 음악을 경험했기 때문이다. 여기에는 싼값이
라는 경제적 이유가 가장 중요했지만, 또 하나의 중요한 문화적 이유가 있었
다. 빽판에는 '금지곡'이 없었기 때문이다." (115p)

저자는 빽판을 한마디로 '불법복제판' 또는 '복사판'이라 명명한다.
더 자세히 말하면 원판, 즉 오리지널 LP의 콘텐츠를 그대로 담아낸 음
반이란 의미다. 시간을 거슬러 올라가면 빽판의 출현은 주한미군의 수
요 때문이라고 하는데 이에 대한 근거는 분명치 않다.

한편 신현준은 1975년 행해진 가요정화운동 그리고 대마초 파동
사건을 주목한다. 이는 음반사전심의제도라는 해괴망측한 독재정권
비호장치가 탄생하는 계기로 작용한다. 정부가 주도한 웃기다 못해
허탈한 대중문화 파괴작업이었다. 이 유치한 정화운동은 가요뿐 아니
라 팝송에도 영향을 미쳤다. 결국, 불온과 퇴폐라는 주홍글씨가 찍힌
곡은 가차 없이 라이선스 음반에서 삭제되는 비운의 주인공이어야 했
다. 간단히 말해서 상당수 포크, 록, 메탈음악은 거세의 운명을 짊어져
야만 했다.

"따지고 보면 나의 스무 살에는 인생의 목표가 없었다. 그때부터 목표를 세운
사람은 지금 어디에 가서든 잘 나가고 있고, 나의 친구들처럼 뒤늦게라도 목
표를 세운 사람들은 나름대로 어딘가에 안착하여 살고 있건만 나는 불혹을 넘
긴 이 나이에도 어디에도 안착하지 못하고 있다. 후회하느냐고? 전혀. 목표 없
는 과정이야말로 나의 목표가 되었으니 말이다. 단, 딱 한 가지 후회하는 일이

있다. 끝내 전기기타를 사지 못했던 일 말이다."(201p)

음악에세이 형식으로 진행하는『빽판 키드의 추억』은 제목처럼 그때 그 시절을 살았던 음악중독자의 이야기가 펼쳐진다. 저자는 자신의 존재이유를 '목표 없음'이라고 친절하게 설명한다. 목표가 주는 가지런함과 강제성은 인간의 상상력과 자유의지를 저하시킨다. 따라서 '목표 없음'이야말로 살아있는 자의 기쁨이요 가치인 셈이다. 그만큼의 세속적 보답이나 물질적 보상을 포기해야만 하는 현실적 고통이 따를지라도 말이다. 저자는 은근히 '목표 없음'을 선택한 자신의 '용기 있음'을 자화자찬한다.

"나의 작업은 잡지나 신문, 그리고 뒤에는 PC통신 동호회나 웹진 등에서 전개되는 마니아적 음악 담론으로부터도 거리를 두고자 했다. 나 역시 때로는 이런 매체에 기고를 했고 앞으로도 하겠지만, 여기 기고한 걸 묶어서 책을 내는 '얍삽한 짓'은 하고 싶지 않았다. 실제로 그렇게 만들어낸 책을 자신의 저서라고 말하는 사람을 보고 있으면 어안이 벙벙할 때가 있다."(279p)

자신의 작업은 업계뿐만 아니라 학계로부터도 독립된 작업이라고 말하는 저자에 대해서 의문이 드는 문구다. 물론 책 뒷부분에 시장에서 판매되는 글을 써야 하는 처지였기 때문에 이런저런 교섭을 해야 했다는 부가설명이 나오기는 한다. 과연 이 정도로 충분한가. 이 정도로 '얍삽한 짓'을 비난하는 저자의 태도를 이해할 수 있을까.

심히 의문스러운 구절이다. 돌려서 생각해보면 석박사 논문을 출판시장의 입맛에 맞게 편집하여 출간하는 행위 역시 '얍삽한 짓'에 해당한다. 그렇다면 프로이트나 부르디외의 저서 또한 '얍삽한 짓'의 결과물에 해당한다. 이는 아카데미즘이나 저널리즘적 출판 모두를 부정하는 발언이다.

자신을 독립적인 필자라고 주장하는 항목에 대한 어색함을 감수하더라도 『빽판 키드의 추억』은 읽을 만한 부분이 적지 않다. 저자는 음악키드로 살았던 과거에 감상을 확대 재생산하지 않으려 노력한다. 마치 감상이라는 첨가물이 섞여버리면 추억의 분석에 악영향을 미칠까 우려하는 부모의 마음이 느껴질 정도다. 저자의 건조한 글쓰기는 이번 책에서도 여전하지만, 이는 언제까지나 쓰는 자의 자유로 남겨두자. 여기서 더 나아가면 연구교수라는 직업을 가졌던 저자의 정체성에 대한 끝말잇기가 될 위험이 따르므로.

10
응답하라 홍대입구
『한국의 인디레이블』
박준흠

저자 박준흠이 탑승한 타임머신은 1992년에서 시작한다. 도대체 1992년 문화계에는 무슨 일이 있었을까? 문화계간지 「상상」, 「리뷰」 창간. 문예아카데미의 대중문화 강좌. 신촌 일원 록카페 문화 탄생. 음악감상모임 '나무를 사랑하는 사람들'. 월간음악잡지 「핫뮤직」. 이 모든 것이 1992년을 살았던 젊은이들에게 쏟아졌다. 음악은 풍성했고, 경제는 오르막길, 대중문화는 주류취급을 받기 시작하던 아름다운 시절이었다.

이름하여 『한국의 인디레이블』. 코믹한 스킨헤드족의 그림이 실소를 터뜨리게 하는 표지 또한 인디스럽다. 500페이지에 달하는 분량만큼 든든하고 알찬 편집이 돋보이는 책이다. 출간연도는 2009년. 그러니까 인디음악이 대중음악판에 명함을 내민 1996년 이후의 기록들이 가지런히 정리되어 있다. 책에 등장하는 39개의 인디레이블 중에는 현재 활동을 접다시피 한 레이블도 있으며, 근근이 명맥을 유지하는 경우도, 음반에서 공연기획으로 방향전환을 시도한 사례도 존재한다. 이 모든 것이 음반이라는 감상매체의 사망에서 비롯된다. 음반을 통한 음악감상은 소수 마니아들의 호사취미로 전락했다. 그나마 남아 있던 음반수집가들은 인터넷으로 파일로 음악을 듣기 위해 음반에 깃든 추억을 스스로 지워버렸다.

이제 39계단을 차곡차곡 걷는 일만이 남았다. 한국 대중음악의 마지막 자존심으로 존재하는 인디레이블. 이는 곧 1990년 이후 홍대의 역사와 정확히 일치한다. 과연 홍대가 없었다면 인디뮤직은 탄생했을까.

1946년부터 홍대가 존재했고, 인디뮤직은 홍대에서 탄생했고, 그러니까 홍대는 인디뮤직의 산실이라는 아리스토텔레스 식의 삼단논법을 애써 들먹이지 않아도 '홍대' 하면 음악을 빼놓을 수 없다. 지금이야 살짝 맛이 갔다지만 당시만 해도 홍대는 무명예술가들에게 말 그대로 축복의 땅이었다.

『한국의 인디레이블』은 39개에 달하는 인디레이블의 대표음반과 대표자와의 인터뷰 방식으로 꾸며졌다. 록, 포크, 펑크, 랩, 메탈 등 장르 역시 다양하다. 어라, 우리나라에 인디레이블이 이렇게 많았어? 라고 놀라는 이도 적지 않을 것이다. 그래 봤자 매출액으로 따지면 SM엔터테인먼트의 발톱만치도 미치지 못하지만 말이다. 독자들은 페이지를 넘길 때마다 경이로운 한국 대중음악의 대안을 확인할 것이다. 밥상은 차려졌다. 이제 그 성찬을 음미할 시간이다.

"1980년대 언더그라운드 음악의 중심은 신촌이었다. 하지만 정책 혹은 시간의 흐름에 따라 그곳은 상업지구로 변질되었고, 놀 곳을 잃은 사람들은 그 장소를 홍대로 옮겼다. 그들은 허름한 클럽에 무대를 만들고, 장비를 들고 거리마다 포스터를 붙여가며 공연을 홍보했다." (57p)

여기서 조금 더 나가볼까. 그들에게 거창한 사명감은 없었다. 단지 지금 가진 것들로 재미있게 놀면서 소통하는, 그런 움직임에 대한 열망이 있었을 뿐이다. 그리고 그들의 움직임은 1996년 홍대 주차장거리와 명동에서 벌어진 '스트리트 펑크쇼'라는 사건을 통해 세상에 알려지기 시작했다. 세상은 그들을 바라보았지만 그들의 미래를 위해서 아무것도 해주지 않았다.

사회적 무관심은 위기의식을 낳고, 위기의식은 또 다른 결과물을 잉태한다. 홍대 인디-신(Scene)은 오히려 이러한 존재이유에서 탄생한다. 간단히 말하자면 이거다. '눈물 나게 고맙다 인간들아. 니들 덕분에 내가 세상에 나왔으니까.'

책은 인디레이블 1세대로 알려진 〈석기시대〉 홍정택 대표와의 인터뷰로 시작한다. 그는 1986년 오픈한 음반점 〈석기시대 소리방〉의 주인장이었다. 음반판매자에서 음반제작자로의 변신은 음악 덕후로서 자연스러운 현상이었다. 메이저 레이블의 유혹을 뿌리치고 〈석시시대〉를 통해 데뷔하는 그룹이 있었다. 이름하여 '언니네 이발관'. 앨범 타이틀 제목이 섬뜩하다. 이름하여 〈비둘기는 하늘의 쥐〉. 1996년에 나왔기에 망정이지 10년만 늦었으면 음반발매는커녕 음악인생까지 종 칠 뻔한 제목이다.

홍정택 대표는 김기덕, 박원웅, 전영혁 등의 음악방송을 들으며 성장한 세대이다. 그는 음악적 사명감 없이 미디어방송에서 수다만 떨게 놔두는 여의도 방송국 PD들의 안일한 태도를 질타한다. 음악이 존재할 뿐 음악다운 음악이 없는 싹쓸이 대중문화판은 지금도 달라진 게 없다. 〈석기시대〉를 통해서 탄생한 또 다른 뮤지션은 코스모스, 줄리아 하트, 에레나, 로다운 30 등이 있다. 잊지들 말고 일청하시기를.

"헝그리 정신으로 뭉쳐진 반문화 게릴라로서의 조명은 이제 지겹다. 그건 마치
전쟁터에서 대의명분을 위해 죽어가는 병사처럼 나왔다 사라져가는 인디 밴드
들에게는 자신들을 문화 소모품으로 전락시키는 표현밖에는 안 된다." (70p)

    인터뷰의 주인공은 홍대 라이브 공연의 메카인 드럭의 주인장 이석문
이다. 이석문 하면 크라잉넛을 빼놓을 수 없다. 이젠 전국구 스타가 된 크
라잉넛은 우직하게 이석문 사단의 〈드럭 레코드〉에서 크라잉넛(1998), 서
커스 매직 유랑단(1999), 하수연가(2001), 고물라디오(2002), 와일드 와
일드 라이브(2003), OK 목장의 젖소(2006)를 연타로 내놓는다.
    이석문에게 인디란 무엇일까. 그는 인디란 주류에 흡수되어 변질하지
않고 안정되고 자유로운 음악생활을 할 수 있는 집단으로 부각되어야 한
다고 말한다. 그러기 위해서는 레이블 제작자들의 고민이 따라야 하겠지
만, 무엇보다 밴드들과 록 애호가들의 열린 마음이 필수라는 조언을 잊지
않는다. 크라잉넛의 성공은 결과적으로 기존 가요계와 인디음악계의 접
점이 가능케 한 일종의 음악쿠데타였다.

"우리 온라인 커뮤니티에 라이너스의 담요, 몽구스 같은 팀의 팬들이 들어와
서 리이슈 음반의 노래를 듣고 그 음반을 구매하는 경우도 있었다. 고무적이
었다. '음악이 좋으면 되는구나'라는 생각을 했다. 음악이 쉽게 다가갈 수 있도
록 노력하는 것에 따라 좋은 결과를 얻을 수도 있다고 생각했다." (270p)

    소개하는 레이블은 이봉수 대표가 운영하는 〈비트볼 레코드〉다. 레
이블 소개에 앞서 필자는 1996년 당시 '마스터플랜'이라는 음악동호회의

일원이었다. 이후 동호회의 리더였던 이종현 대표가 〈마스터플랜〉 음반사의 대표가 되었다. 1997년에는 아예 필자와 알렉스 뮤직에서 활동하는 김영호가 주축이 되어 '내슈빌'이라는 포크/컨트리 음악동호회를 만들었다. 인터뷰의 주인공인 이봉수 대표와 함께 이장호, 김영준이라는 〈비트볼 레코드〉의 창립멤버가 모두 '내슈빌'의 멤버였다. 결국, 내슈빌의 정신적 토대가 〈비트볼 레코드〉에 일정 부분 가미되었다고 볼 수 있다.

〈카바레 사운드〉를 창설한 이성문 대표는 인디란 장르에 대한 표현이 아닌, 앨범제작 시스템에 대한 이름이라고 말한다. 록도 저예산 시스템에서 제작하면 인디고, 그런 의미에서 모든 장르는 인디일 수도 있고 아닐 수도 있다는 주장이다. 그렇다고 인디음악이 반상업적으로 대중적이지 않다고 생각하지는 않는다. 벌써 인디음악이 등장한 지 20년이 흘렀다. 다행스럽게도 그들은 조용히 생존했고 앞으로도 그럴 것이다. 이유는 단 한 가지. 음악적 가치였다.

이제 음악 또한 산업의 일부분이 되었다. 음악산업의 적자로 탄생한 인디뮤직의 부침은 지금까지 진행 중이다. 그나마 인디음악가의 필수코스였던 음반제작은 사형선고를 받은 지 오래다. 그렇다고 이대로 죽으라는 법은 없다. 음반은 사라져도 음원은 존재하는 법. 요즘 한국음악은 도대체가 들을 만한 음악이 없다고 투덜대는 이에게 권하고 싶은 한 다발의 종이뭉치가 여기 있다. 순서대로 읽지 않아도 상관없다. 페이지에 나오는 음악을 닥치는 대로 검색해보자. 바로 그곳이 위대한 대한민국 인디뮤직의 현주소이니까.

11
훔쳐보기
『고고! 대한 록 탐방기』
하세가와 요헤이

한국음악을 소개하는 자리에 웬 일본인이? 양평이 형으로 알려진 하세가와 요헤이가 그 주인공이다. 책 표지에 등장하는 장소는 홍대 다복 길 초입에 있는 〈곱창전골〉이라는 가요카페다. 제목을 살펴보자. 『고고! 대한 록 탐방기』라니. 이 무슨 빈티지스러운 제목이란 말인가. 그건 그렇고 '외국인인 주제에 한국음악에 대해서 뭘 안다고.'라고 하면서 얕보지들 마시라. 하세가와 요헤이는 20년 넘게 서울을, 홍대를 화장실 드나들 듯이 오가는 가요음반 컬렉터이자 뮤지션이니까. 이렇게 설명해도 신뢰가 가지 않는다고? 그렇다면 하세가와 요헤이의 호랑이 발톱을 꺼내 볼 차례다.

황신혜밴드, 산울림, 뜨거운 감자, 장기하와 얼굴들, 곱창전골, 허벅지밴 드. 무엇이 떠오르는가? 한국을 대표하는 인디음악가들이라고? 절반은 맞지 만 원하는 정답은 아니다. 이 밴드에서 활동했던 연주자가 하게가와 요헤이 라는 사실을 아는지. '일본인 주제에 뭘 안다고 감히 한국밴드에서…'라는 인종주의적 발상은 깨끗이 접기를. 따뜻한 남부지방으로 내려온 아시아 북

방민족의 피가 섞인 한국인의 정체성을 애써 모르는 척하지 말라는 소리다.

그는 1971년생. 고향은 나카노. 오다쿠의 성지로 알려진 나카노 브로드웨이 근처가 주인공의 고향이다. 출생 자체도 오타쿠스럽다. 게다가 순하디순하다는 돼지띠 남자. 그런데 일본에서 고등학교를 졸업하고 대학에 가려고 재수하는데 성적이 안 나오더라. 불행 중 다행으로 아버지가 돈을 대줄 테니 25살까지만 자유롭게 살라고 하셨다고 한다. 말하자면 썩 괜찮은 아버지를 만난 청춘이었다.

그런 그가 우연히 산울림과 신중현의 음악을 듣게 되었다. 이미 일본 중고음반점을 섭렵한 음반컬렉터 하세가와 요헤이. 이 양반이 한국 록음악에 필이 꽂힌 것이다. 그에 의하면 산울림과 신중현의 음악은 어디서 영향을 받았는지, 어떻게 전개될지 예측할 수 없는 음악이었다.

> "홍대와 신촌 사이에 '기찻길'이라고 고깃집이 늘어선 골목이 있었는데, 거기를 지나가기만 해도 누군가 꼭 제 이름을 불렀어요. '오, 하세가와! 밥 먹고 가!'라고. 이미 친구들 중 누군가가 자리를 잡고 있었던 거죠. 술을 마시고 있으면 다른 녀석이 오고 또 다른 녀석이 오고…. 그렇게 결국 다 같이 아침까지 마시곤 했어요." (103p)

하세가와는 초등학교 1~2학년 시절부터 비틀스 음악을, 중학교 시절에는 더 클래시, 섹스 피스톨즈류의 펑크음악을, 고등학교 시절에는 사이키델릭이나 개라지 음악에 심취한다. 말 그대로 20대에도 들을까 말까 한 음악편력을 10대 시절에 마스터한 셈이었다. 나이를 초월한 레코드 컬렉터였던 하세가와의 내공에 근접할 만한 또래 음악광은 음악의 나라 일본에도 그리 많지 않았다. 대입에 실패한 하세가와의 첫 번째 직업은 음반매장 아르바이트였다. 이와 동시에 얼터너티브 록밴드의 기타리스트로 활동한다.

신중현과 산울림의 음악은 하세가와의 한국행의 실마리가 된다. 때는 1995년. 하세가와는 이미 온갖 종류의 록음악을 접한 상태였다. 그에게 신중현과 산울림은 사이키델릭이나 개라지 이상의, 뿌리를 예상할 수 없는 음악적 신비감이 넘치는 존재였다. 그는 즉각 행동에 나선다. 3박 4일 간의 일정으로 한국행을 시도한 것이다.

"한국에서도 결혼하는 사람이 줄어들고 있어요. 그만큼 자신의 취미에 투자하는 사람이 늘어났고, 레코드에 대한 관심도 점점 늘고 있는 듯해요."(211p)

하세가와는 1989년 일본의 음반업계 상황이 1994년부터 한국에서 재현되고 있다고 말한다. 레코드 생산이 중단되고, 본격적으로 CD가 주류음원으로 등장했다는 이야기다. 난생처음 김포공항에 도착한 하세가와. 리무진 버스를 타고 서울시내로 향하는데 차창 밖으로 레코드 가게가 보이더라. 무작정 운전사에게 부탁하여 하차를 시도한다. 그곳이 바로 광화문 〈진레코드〉였다. 참고로 〈진레코드〉는 올리버란 별칭으로 불리던 진영철 사장님이 운영하던 중고레코드점이다. 주로 올디스 음반을 취급하던 곳이었다. 참고로 난 이곳에서 장 룩 폰티, 브라더스 포, 포더링게이, 피트 시거, 릭 웨이크먼 등의 오리지널 LP를 구입했다. 그는 진레코드 사장의 소개로 청계천에 있는 중고레코드점으로 진출한다. 하세가와는 〈돌레코드〉, 〈장안레코드〉에서 장당 천 원이라는 가격에 한국 록 LP를 수집하기 시작한다. 참고로 하세가와가 수집한 당시의 LP들은 지금 최하 10만 원을 호가하는 희귀음반들이다.

"매사에 기대가 지나치면 잘되지 않았을 때의 실망도 크지 않습니까? 한국에 올 때도 저는 가능한 한 큰 기대는 하지 않기로 했고, 하고 싶은 일만 계속하다 보니 이렇게 되었어요. (웃음) 끝이 보이지 않는 나선 계단을 계속 끝없이 올라온 느낌이랄까요." (220p)

음반수집만으로 한국을 품고 돌아가기에는 부족했던 걸까. 하세가와는 일본인 최초의 한국 록 전문밴드를 결성한다. 이름하여 곱창전골. 처음에는 여흥의 수준으로 연주를 시작했다. 밴드에서 연주하는 커버곡으로는 신중현, 산울림, 송골매, 조용필의 곡으로 정한다. 이들의 활약이 신문지상에 보도되면서 곱창전골은 홍대 인디-신과 어깨를 나란히 할 만한 밴드로 거듭난다.

하세가와의 한국음악 탐방기는 음반수집에서 곱창전골을 비롯한 한국 인디음악밴드 활동으로 진화한다. 한국에 정착하는 시점이 하필이면 홍대 인디뮤직의 번성기와 정확하게 겹쳤던 것은 우연한 일치였을까. 처음에는 모텔과 여관을 전전하던 하세가와는 인디 사장의 집에 기거하게 된다. 아침까지 고깃집에서 마시고 집으로 돌아가 잠깐 눈 붙이고 다시 고깃집에 가면 아침까지 함께 마셨던 패거리가 와 있는 상황이 반복된다. 지성이면 감천이라고 했던가. 하세가와는 꿈에 그리던 산울림 객원연주자로 참여한다.

무엇보다 『고고! 대한 록 탐방기』는 읽는 재미가 쏠쏠하다. 그것도 많이. 책을 읽다 보면 '아니 하세가와가 한국음악을 이렇게 쏙쏙들이 알고 있다니!'라고 놀랄 만한 대목이 수두룩하다. 당연히 홍대의 인디음악에 대해서는 웬만한 독자들의 머리 위에서 가부정좌(跏趺正坐)를 틀고 있다. 책을 펴자마자 하룻밤 만에 독파해버렸다.

하세가와가 보는 한국음악의 미래는 무엇일까. 그는 최근 들어 한국의 옛 음악에 흥미를 느끼기 시작한 사람이 늘어났다고는 해도 현재 음악과 옛 음악은 여전히 단절되어 있다고 잘라 말한다. 이를테면 김추자의 음악 과 장기하와 얼굴들의 음악은 도저히 섞이려야 섞일 수 없는 변방의 음악 이라는 설명이다. 따라서 하세가와는 그런 옛 '한국음악을 어떻게 하면 되 살릴 수 있을까.'라는 고민의 발로가 우선 되어야 한다고 주장한다. 하세가 와의 20년 한국인생을 다음의 독백으로 마무리하고자 한다.

'나 하세가와는 키만큼 높이 자란 풀숲에서 기타를 낫 삼아, 레코드를 방패로 삼 아 길을 개척해왔구나'. 하세가와의 무지막지한 대한 록 스피릿에 무한한 광명을!

젊은 시절, 록음악에 관심이 없던 친구들을 믿지 않았다. 그들은 부모와 학교와 사회의 이데올로기를 무비판적으로 수용하는 알파고 같은 존재였으니까. 록음악에는 저항정신이 오롯이 숨어 있다. 록음악을 즐겨 듣는다고 해서 누구나 로커가 되는 건 아니다. 하지만 이거 하나만은 분명하다. 나이가 들어서도 록음악을 버리지 못하는 이는 영원한 젊음을 잃지 않는 멋진 존재라고. 근육량을 늘린다고 흘러간 젊음이 돌아오지 않는다. 그냥, 록음악을 즐기자.

제2장

록음악을 읽다

12
만화로 만나는 록의 역사
『Paint It Rock 1~3』
남무성

남무성 작가는 재즈광이지만 출발점은 록음악이었다. 만화를 읽다 보면 작가의 어마 무시한 음악지식과 흥미로운 에피소드에 정신을 놓게 된다. 초심자라면 50년간 쏟아져 나온 록음악을 모두 흡수할 필요는 없다. 하지만 우리는 대중음악이 엄연히 문화의 커다란 축을 이루고 있는 시대에 살고 있다. 입시학원에 단기속성반이 있듯이 록음악사에도 이를 가능케 한 결과물이 존재한다. 이제『Paint It Rock』을 눈으로 감상할 차례다.

"60년대가 대표적인 저항시대로 불리는 이유는 미국사회에서 분노와 동요를 촉발시킨 역사상 유례없는 사건들이 이 시기에 집약적으로 펼쳐졌기 때문이다. 크게는 전쟁과 인권문제, 제도권의 도덕적 부패와 같은 문제들로서 이러한 복잡한 갈등의 분위기는 전후세대의 청년문화에 저항정신을 부여하였다. 여기에 록음악은 민중의 소리를 대변하고 전쟁의 추악함을 고발하는 저항의 대변자로서의 역할을 떠맡게 되었다. 태생에서부터 반골이었던 록은 보수적인 체제에 대항하는 어떠한 방법과 함께 있을 때 타성을 얻는 성질이 있었기 때문이었다." (1권, 79p)

『Paint It Rock』은 총 세 권으로 출간되었다. 시리즈는 시대별로 록음악의 역사를 소개한다. 가격의 압박이 만만치 않다면 관심 있는 록음악 시대를 골라 선택구매를 해도 무방하다. 소개하는 글은 첫 번째 책의 문구다. 1권은 로큰롤의 태동기라 불리는 1950년대와 록음악의 전성기였던 1960년대를 무대로 하고 있다. 록음악의 진원지를 만화로 접하고 싶은 독자에게는 1권이 적격이라고 말하고 싶다.

남무성의 만화체는 곡선이 주를 이룬다. 우회보다는 정면돌파를 즐기는 록음악과 부드러운 남 작가의 그림체는 충돌보다는 조화를 추구한다. 록음악에 취한 독자에게는 순화의 이미지를, 록음악에 거부감을 가진 독자에게는 흥미유발의 실마리를 제공한다. 또한, 등장하는 록음악가의 인물묘사는 감탄 그 자체이다. 누가 읽어보아도 '흠, 이 정도면 록음악을 제대로 들었군.'이라는 말이 나올 정도로 음반과 역사와 에피소드와 인물에 대한 폭넓은 지식에 놀라지 않을 수 없다. 이제 1970년도로 슬슬 넘어가 보자.

"1970년대 후반은 하드록의 전성기가 빗겨나가던 시기였으나 동시에 헤비메탈의 이미지가 완성되었던 시기이기도 했다. 이즈음에 와서 파워, 스피드, 리프를 주제로 한 강력 일변도의 사운드는 더 이상 새로운 것이 아니었으며, 여기에 메탈이라는 이미지를 가중시킨 록밴드들의 외향적 면모, 파워보다는 정교함에 관심을 집중한 드라마틱한 구조 등 보다 세부적인 요소들이 부각되었다. 한편 미국과 영국 중심으로 쓰여가던 메탈의 역사도 독일, 호주, 캐나다,

아일랜드와 같은 비주류권의 다양한 신진 세력들이 가세하여 복잡한 양상으로 확산되었다."(2권, 180p)

2권에서는 록음악의 격전장으로 불리던 1970년대를 집중적으로 조명한다. 등장하는 음악가는 실로 다양하다. 오지 오스본이 활약했던 블랙 사바스, 세상에서 가장 시끄러운 밴드라 불리던 딥 퍼플, 에릭 클랩튼, 지미 페이지와 함께 영국 출신 3대 기타리스트로 불리던 제프 벡, 컨트리록의 황제 이글스, 스페이스 록의 영웅 데이비드 보위, 엘튼 존의 미국데뷔, 펑크록의 양대산맥인 섹스 피스톨즈와 더 클래시, 랜디 로즈의 죽음, 서던록의 전설 레너드 스키너드와 올맨 브라더스, 영화 엑소시스트의 배경음악을 담당했던 다중악기주자 마이크 올드필드 등이 주인공으로 등장한다.

『Paint It Rock』의 재미는 음악가와 음악이라는 이분법적 배치를 탈피했다는 데 있다. 사실 록음악을 말하는데 음악콘텐츠 하나만으로 설명하기에는 불가능하다. 따라서 독자들은 해당 음악에 대한 지식이 전혀 없는 상태에서도 편하게 만화를 즐길 수 있다. 물론 음악에 대한 인지도가 있는 상태라면 금상첨화임은 말할 것도 없다. 1권과 차이라면 에피소드 위주의 전개에서 음악가의 대표작과 성과에 대한 비중을 살짝 높였다는 게 특징이다.

"『Paint It Rock』은 음악을 즐기고 정보를 나누는 책이다. 어린 음악팬들에게는 정보를 주고, 나와 동시대를 살았던 중년들에게는 향수를 드리고 싶었다. 오랫동안 원고작업을 하다 보니 스트레스도 많았지만, 일본에 수출되는 좋은 일도 있었다. 이 책의 내용 중 상당 부분은 인터넷으로도 연재가 되었다."

(3권, 305p)

3권의 서평은 작가의 에필로그 문구로 대신하기로 했다. 뮤지션 이승열의 추천사처럼, 『Paint It Rock』은 작가 특유의 비속적 묘사와 말초적 유머로 록스타의 삶과 흥망성쇠(興亡盛衰)가 얼마나 덧없는가를 말해주고 있다. 작가는 이제 록과 재즈라는 두 개의 커다란 산을 넘었다. 개인적으로 이게 남무성의 만화로 보는 음악시리즈의 끝이 아니기를 바란다. 왜냐하면, 가요와 클래식이라는 두 가지 장르가 남 작가의 손끝을 기다리고 있기 때문이다. 록음악처럼 남 작가의 만화시리즈 역시 영원한 진행형이기를 기원한다.

13
1960년생 록밴드의 탄생
『비틀스의 작은 역사』

에르베 부르이

록음악을 좋아한다는 사람치고 비틀스를 멀리하는 이가 있을까. 비틀스. 3분 예술의 극치이며 록음악의 모든 것을 보여 준 천재밴드. 이런 수식어를 동원하지 않아도 상관없다. 비-틀-스라는 세 글자에서 풍기는 어감만으로도 사람들은 비틀스에 환호한다. 그만큼 국내에 비틀스와 관련된 책은 여느 음악가보다 많이 출간된 상태다. 이를테면 사진집에서부터 그룹과 멤버들의 개인사를 다룬 책까지.

수많은 책 중에 프랑스 만화가가 그린 『비틀스의 작은 역사』를 고른 이유는 '보는 재미'에 있다. 개인적으로 좋아하는 그림체는 아니지만 읽을수록 입맛을 돋우는 사건들이 쉴 새 없이 이어지는 전개기법에 높은 점수를 주고 싶었다. 비틀스에 대해서 누구보다 잘 안다고 자부하는 독자에게도, 비틀스를 잘 모르는 이들에게도, 에르베 부르이의 만화는 유익하다. 적어도 만화를 문학이나 회화 못지않은 멋진 예술장르라고 생각하는 이들이라면 말이다.

『비틀스의 작은 역사』의 추천사를 담당한 위고 카사베티의 어구를 슬쩍 읽어 보면 다음과 같다. 카리스마 넘치고, 짓궂고, 농담 잘하고, 거만하고 또 당연히 재능이 넘치는 사람들. 이들 4인방은 항상 파란만장한 삶을 살았으며 그 이야기는 엽기적인 것에서부터 가장 사적인 것까지 록의 모험담 중에서도 최고봉으로 회자된다.

여기서 생각할 부분 하나. 록스타든 뭐든 간에 유명인의 사생활은 늘 호기심의 대상이다. 대중들은 유명인을 훔쳐보면서 자신과 다를 바 없는 일상에 안심하기도 하고, 정반대의 삶을 통해 흠모와 질투에 빠지기도 한다. 따라서 비틀스라고 모든 것이 멋지고 폼난다는 선입견은 절대 금물이다. 그들의 음악이 아름답다고 해서 그들의 삶까지 정당화할 수는 없는 법. 소개한 거리 두기가 진정으로 비틀스를 이해하고 사랑하는 방법이 아닐까 싶다.

"1964년 2월 9일. 미국 7,300만 시청자들이 에드 설리번 쇼에서 비틀스를 생방송으로 만났다. 바로 그 다음 날부터 수천 명의 10대가 차고에서 그룹을 결성하고 머리 자르고 가는 걸 아예 잊어버렸다. 이 방송이 진행되는 동안 미국 내 범죄율이 15% 감소했다고 추정했다." (40p)

비틀스의 창단멤버는 존 레넌과 폴 매카트니였다. 이들은 쿼리맨이라는 이름으로 음악활동을 시작한다. 1960년 쿼리맨은 실버 비틀스(은행 딱정벌레)라는 이름으로 바꾼다. 재미있게도 비틀스의 이전 밴드명은 실버 비틀스였다. 당시 비틀스의 하루 평균 공연시간은 5~6시간에 달했다. 고전 로큰롤과 자작곡으로 레퍼토리를 구성했다. 비틀스는 조금씩 단단하고 야성적인 무대 그룹으로 변신했다.

1962년 비틀스는 리버풀 시 최고의 그룹으로 성장한다. 비틀스는 이 듬해 첫음반을 발매한다. 이들은 곧 '비틀마니아'라 불리는 열성팬에 휩싸인다. 비틀마니아라는 말은 같은 해 샌디 가드너가 만들어낸 용어다. 영국 팬클럽은 당시 8만여 명을 헤아리는 엄청난 규모였다. 〈선데이 타임스〉의 열정적인 한 평론가는 레넌과 매카트니를 '베토벤 이래로 가장 위대한 작곡가'라 진단했다.

"1966년 비틀스는 서로 이야기를 나누지 않아도 미국 순회공연의 마지막 날
이 자신들의 마지막 콘서트가 될 수 있음을 예감했다. 권태, 피로, 함성, 살해
위협, 발전 가능성 없는 무대 등 이 모든 것이 부조리하고 허무해졌다. '난 더
이상 비틀스가 아닌 것 같아.' 돌아오는 길에 조지 해리슨이 말했다." (62p)

비틀스는 예전의 하이틴 스타 같은 모범생 이미지로 음악활동을 지속하지 않았다. 그들의 음악적 변신은 1965년 발매한 음반 〈Rubber Soul〉에서 여실히 드러난다. 멋쟁이 청춘스타의 새 음반을 기대했던 여성팬들에게 〈Rubber Soul〉의 등장은 충격이었다. 단정한 모습의 비틀스는 사라지고, 마리화나 연기에 휩싸인 듯한 음반재킷에 등장한 멤버들의 표정은 약속이나 한 듯이 일그러져 있다. 비틀스는 본격적으로 자신들이 원하는 무엇을 음악에 담고 싶었던 것이다. 물질과 명성에 휩싸여 눈이 멀어지기엔 존과 폴의 음악적 재능이 이를 뛰어넘을 수밖에 없는 상황이었다. 게다가 이들은 밥 딜런의 아성을 뛰어넘을 만한 음악적 결단이 필요했다. 음반의 콘셉트 또한 전체 곡들이 유기적인 연결관계를 맺는 특성을 지니고 있었다.

비틀스의 아성이 높아짐에 따라 그들을 따라다니는 추문 또한 적지 않았다. 존 레넌은 자신들이 이미 예수의 존재감을 뛰어넘었다고 선언한다. 영국출신 록밴드의 유명세를 탐탁지 않아 했던 미국 보수주의자들은 존 레넌을 정적으로 삼는다.

미국 인종주의자 단체인 KKK단은 비틀스를 살해하겠다고 위협하기에 이른다. 미국 남부에서는 비틀스의 음반을 소각하는 모임이 수도 없이 조직되었다. 존 레넌은 서둘러 해명 기자회견을 열지만, 이는 단박에 거절되었다. 혼란스러운 상황 속에서도 비틀스는 1966년 명반 〈Revolver〉를 발표한다.

"2009년 12월 10일, 나는 폴 매카트니를 파리 베르시 공연장에서 보았다. 비틀스를 실물로 본 것은 이번이 처음이었다. 마침내, 난 보았다. 솔직히 내 자리는 그렇게 좋은 자리가 아니었다. 입장료는 비쌌지만, 정말 좋았다. (중략) 굳이 이해해야 할 것도 전혀 없고, 결론을 끄집어낼 필요도 없다." (165p)

존 레넌은 〈Revolver〉 발표 후 다음과 같이 선언한다. 우리는 더 이상 멋쟁이 귀여운 4인방으로 활동하고 싶지 않다고. 더 이상 콘서트도 하지 않을 것이고, 무대에서는 만들 수 없는 음악을 만들고 싶다고. 비틀스는 최고의 음반을 만들기를 원하며 필요로 하는 충분한 시간을 투자할 것이라고.

모험의 결과는 이듬해 결실을 본다. 1967년 비틀스 최고의 음반 〈Sgt. Pepper's Lonely Hearts Club Band〉가 탄생한 것이다. 레넌의 공언 그대로 이 음반은 히피문화에 대한 신뢰, 시타르 음악, 700여 시간의 스튜디오 작업, 저자에 의하면 네 마리의 생쥐들이 산고 끝에 태산을 만들어 낸 것이었다.

연도순대로 꾸며나간 『비틀스의 작은 역사』는 저자의 폴 매카트니 공연을 끝으로 대장정의 막을 내린다. 책에서는 비틀스의 역사뿐 아니라 록음악의 커다란 사건들이 곳곳에 등장한다. 에르베 부르이의 음악적 깊이가 느껴지는 대목이다. 대중음악전문가이자 만화가인 에르베 부르이의 작품은 『Rock의 작은 역사』를 통해서도 만날 수 있다.

두 작품 모두 탄탄한 서사와 곳곳에 배치한 가십거리가 책의 완성도를 높이고 있다. 어떤 책을 고를까, 막판까지 고민한 끝에 『Rock의 작은 역사』는 남무성의 『Paint It Rock 1~3』 시리즈가 있기에 제외했음을 밝혀둔다.

14
기타와 생맥주
『더 기타리스트』
정일서

기타연주가 빠진 록음악을 상상해보았는가? 이는 단무지 없는 자장면, 달걀 없는 비빔밥, 겨자와 간장 없이 나오는 회초밥이다. 따라서 록음악 하면 기타, 전자기타 하면 록음악이 자석처럼 따라다닌다. 록음악과 전자기타 앙상블의 극치는 딥 퍼플의 〈Smoke On The Water〉를 빼놓을 수 없다. '쾅쾅쾅~쾅쾅좌자~쾅쾅쾅~쾅쾅'이라는 인트로가 없었다면 1980년대 한국의 록음악 키드는 못 해도 절반가량이 넥타이를 동여매고 지질한 월급쟁이의 대오에 합류했을 것이다.

그들은 용감하게 제2의 리치 블랙모어를 꿈꿨으며, 전자기타를 움켜쥐고 군부의 억압과 일그러진 권위의 시대에 저항했다. 사회운동가는 짱돌로, 글쟁이는 펜으로, 로커는 기타 피킹으로 시대와의 불화에 대적했다.

록음악에서 기타의 비중은 보컬과 맞먹을 만한 위치를 점하고 있다. 실제 부활의 김태원과 시나위의 신대철, 신촌블루스의 엄인호는 기타리스트인 동시에 밴드의 리더다. 그렇지만 재즈의 영역으로 건너가면 기타의 비중은 현격하게 떨어진다. 록음악과 달리 기타연주자가 빠진 재즈밴드가 더 많을 지경이다. 클래식에서는 이러한 부침현상이 더욱 두드러진다.

　　필자의 경우, 재즈음악에 빠진 이유가 바로 기타였다. 사실 재즈연주에서 기타의 음역은 그리 크지 않다. 전자기타가 아닐 경우에는 음역의 한계가 두드러지게 나타난다. 하지만 그게 전부가 아니더라. 기타소리의 잔향은 깊고도 넓다. 그러다 보니 수십 명에 달하는 재즈기타 연주자의 음반을 수집했다. 재즈에 관한 이야기는 제3장의 '재즈를 읽다' 편에서 자세히 설명하기로 하자.

　　『더 기타리스트』는 무려 750페이지라는, 일반서적 두 권 분량에 달하는 두툼한 기타연주자 소개서다. 책에 등장하는 105명의 기타리스트는 1950년대 이전 초기 블루스의 거장들, 1950년대 로큰롤의 개척자들, 1960년대 영웅들의 탄생, 1970년대 록 오브 에이지, 1980년대 헤비메탈 연주자들, 마지막으로 1990년대 이후의 기타리스트들로 세분화된다.

　　음악중독자라면 이름만 들어도 오금이 저릴 만한 유명 기타리스트에서부터 말로만 들었던 전설적인 기타리스트, 20대에 음악계에서 사라져버린 기타리스트에 이르기까지 말 그대로 기타의 진수성찬을 맛볼 수 있는 소중한 기록집이다. 재질 또한 뛰어나서 소장용으로 보관하기에 부족함이 없다. 편집과정에서 두 권 분량으로 출판을 고려했음 직한데, 어차피 구매자층이 제한될 수밖에 없는 관계로 단권으로 출간을 결정하지 않았나 싶다. 욕심을 내보자면 해당 기타리스트의 대표음반을 조금 더 늘렸으면 하는 아쉬움이 있다. 지면관계상 어려운 작업이라는 것은 알지만, 사족으로 덧붙여 본다.

"공연 도중 두 남자 사이에 싸움이 일어났다. 싸움은 금방 주먹다짐으로 발전했고 두 남자의 난투극 와중에 등유 램프가 넘어지면서 불이 났다. 화재는 삽시간에 번졌다. 손님이며 종업원이며 연주자며 할 것 없이 정신없이 밖을 향해 뛰었다. 가까스로 탈출에 성공한 그는 그러나 다음 순간 자신이 기타를 안에 두고 나온 것을 깨달았다." (77p)

사건의 장소는 미국 아칸소(Arkansas) 주 트위스트에 있는 한 작은 클럽. 때는 1949년이었다. 가까스로 탈출한 사람은 클럽에서 연주자로 활동하던 비비킹이었다. 그가 화재현장에 두고 나온 기타는 깁슨 세미 할로우 기타로 당시 비비킹이 애지중지하던 유일한 악기였다. 비비킹은 결단을 내린다. 목숨을 걸고 화재의 현장으로 뛰어든 것이었다. 구사일생으로 기타를 구출해 낸 비비킹. 건물은 붕괴되고 두 사람이 이 화재로 목숨을 잃는다. 이튿날 비비킹은 두 남자가 싸운 이유가 루씰(Lucille)이라는 여인 때문이었다는 사실을 알게 된다. 그는 자신의 생명과 맞바꿀 뻔했던 기타에 '루씰'이라는 이름을 붙인다. 이 사건은 훗날 한영애 작사 엄인호 작곡으로 신촌블루스가 부른 〈루씰〉이라는 곡의 소재로 사용된다.

2015년 5월 15일 비비킹이 세상을 떠났다. 향년 89세. 블루스 음악의 거장이자 〈롤링 스톤〉이 선정한 100대 기타리스트 중 3위에 선정. 앨버트 킹, 프레디 킹에 이은 3대 블루스 기타리스트. 15,000회에 달하는 공연. 미국 전역에서 성업 중인 비비킹 블루스 클럽 체인점. 1987년 로큰롤 명예의 전당 입성. 무엇이 더 필요한가. 비비킹은 전설이었다.

"1970년 9월 18일. 그는 영국 런던 노팅힐에 있는 여자친구의 거처에서 시체로 발견되었고 사인은 약물중독으로 추정되었다. 그의 나이 스물일곱 살이었다. 시신은 고향인 시애틀로 옮겨져 묻혔으며 결과적으로 사망 직전인 1970년 여름, 영국 와이트 섬에서 열린 페스티벌 출현이 그의 마지막 모습이 되었다." (204p)

글의 주인공을 눈치챘다면 그대는 자랑스러운 한국의 음악광이다. 대충 감은 잡히지만, 자신이 없다면 힌트를 추가한다. 저자 정일서는 주인공의 소개를 '뒤바뀌지 않는 넘버 원'이라고 했다. 정답은 지미 헨드릭스다. 천수를 누리지 못하고 세상을 떠난 록음악가들은 지미 헨드릭스 말고도 무수히 많다. 3대 기타리스트라 불리던 에릭 클랩튼, 지미 페이지, 제프 벡도 지미 헨드릭스에 필적할 만한 능력자는 아니었다.

예나 지금이나 지미 헨드릭스가 최고의 기타리스트라고 불리는 이유는 무엇일까. 그가 보여준 연주기법이 일렉트릭 기타의 모든 것이었기 때문이다. 당시 그가 선보였던 와우 페달(Wow Pedal) 등 이펙터를 적극 활용한 새로운 연주와 피드백 주법을 비롯해 앰프와 음향장치를 폭넓게 활용하는 기법은 현재까지도 수많은 기타리스트들의 교본이 되고 있다. 여기에 기타를 태우고 이빨로 연주하는 무대매너와 쇼맨십에 이르기까지 지미 헨드릭스는 기타리스트들의 신화로 존재한다. 이후 등장한 하드록과 헤비메탈은 지미 헨드릭스 음악의 분신과도 같은 장르였다.

"그는 정통 하드록에서 블루스, 재즈, 퓨전 록에 이르기까지 다양한 음악인들과 교류해왔고 이들을 모두 수렴하는 넓은 음악적 스펙트럼을 보여주었다. 존 맥 러플린, 허비 행콕, 웨인 쇼터, 제프 벡 등이 모두 그와 협연했던 쟁쟁한 뮤지션들이다. 그러는 동안 그는 모두 열 개의 그래미와 세 개의 라틴 그래미상

을 수상하며 스스로 거장의 반열에 우뚝 섰다." (300p)

인용문의 주인공은 멕시코의 기타 영웅 카를로스 산타나다. 측문에 의하면 산타나는 20대까지 악보를 읽을 줄 몰랐다고 한다. 한마디로 감으로 기타를 쳤다는 이야기다. 그래서인지 산타나는 어떤 기타를 잡아도 비슷한 톤을 유지한다. 산타나는 최고의 록음악 축제라 불리는 '우드스탁 페스티벌'(1969)을 통해서 데뷔한다.

영미권 대중음악이 기세를 부리던 1970년대. 세계자본의 중심지는 당연히 미국이었다. 음악 또한 예외가 아니었다. 영국 출신의 비틀스, 롤링 스톤스, 딥 퍼플, 레드 제플린 또한 미국무대를 거치지 않고는 세계적인 밴드라 자신할 수 없었다.

여기에 반기를 든 비영어권 음악가 3인방이 있었으니. 이들이 바로 라틴록의 황제 산타나, 보사노바의 귀재 안토니우 카를로스 조빔, 레게음악의 전설인 밥 말리였다. 이들은 영어권 주류문화에 정면으로 도전장을 내밀었다. 이제 산타나를 제외한 두 명의 음악가는 지구 상에 없다. 산타나를 이을 만한 비영어권 출신 음악가의 출현이 아쉬운 시대다. 여전히 세계는 미국을 중심으로 돌아간다. 슬픈 현실이지만 음악산업 또한 예외가 아니다.

15
LP와 귓속말을 나누다
『레코드를 통해 어렴풋이』
김기연

지난 주말, 단골음악 카페사장님한테 선물을 받았다. 선물은 다름 아닌 LP였다. 조심스럽게 LP를 들고 귀가하면서 왜 서울바닥에서 음반이 사라졌는지 곰곰 되새겨보았다. 인간은 편리성을 추구한다. 편리성에는 두 가지 얼굴이 공존한다. 『파우스트』처럼 영혼을 판 대가로 편리를 선택하면 그만큼의 반대급부를 감수해야 한다. 무엇이든 지나치면 독으로 화하기 마련이다. 음악에서도 이 공식은 변함없이 적용된다.

음악세계에서의 산업혁명은 1980년대 말에 일어난다. 콤팩트디스크(Compact Disk, CD)라는 말처럼 콤팩트해 보이지 않는 음반매체가 탄생한 것이다. 음악관계자와 유통사 그리고 음반수집가는 CD의 탄생에 환호한다. 그것도 잠시. 아날로그 사운드의 정수라는 LP의 음질을 CD가 따라갈 수 없다는 반론이 일기 시작한다. 이들의 반론은 농촌의 공기가 도심의 공기보다 좋다는 껍데기 이론에 불과했다. 대중들은 음질을 버리고 편리를 선택했다. 음악세계의 종결자로 군림할 듯 진격을 거듭하던 CD에도 유효기한이 도래한다. 다시 사람들은 CD를 버리고 음악파일을 선택한다. 기술이 감각을 지배하는 시대가 닥친 것이었다.

LP와 CD를 포함한 디지털 음원의 차이는 여러 가지다. 기술한 대로 우선 음질에서 근본적이 차이가 있다. 백문이 불여일청이라 했던가. 궁금한 이는 가까운 LP 음악카페에 들러보기 바란다. 가급적이면 스피커 근처에 착석하기를 권한다. 별다른 감흥이 없다면 그대는 이미 디지털 인간으로 변한 거다. 두 번째 비극은 음반제작의 특징이었던 콘셉트형 음악제작이 사라진 것이다.

대표적인 예가 핑크 플로이드(Pink Floyd)의 중후반기 음반들과 비틀스의 후반기 음반들이 되겠다. 문학으로 따지면 장편소설이 사라지고 단편소설만이 득세하게 된 셈이다. 스토리텔링이 단순해질수록 인간의 사고는 연성화되기 마련이다. 성찰형 인간은 사라지고 찰나적이며 쾌락추구형 신인간들이 음악세계에서도 득세하기 시작한 것이다. 마지막으로 예술적 가치를 부여받았던 LP 문화가 사라진 사건이다. LP의 표지는 그 자체만으로도 예술품으로써 각별한 의미를 지닌다.

저자 김기연의 『레코드를 통해 어렴풋이』는 LP와 음악과 에세이의 향연집이다. 카피라이터 출신답게 문장 하나하나가 아날로그적인 아름다움을 발한다. 대화식으로 진행하는 편안한 문장들이 매력적이다. 그렇다고 아무 때나 경박한 문장이 튀어나오지도 않는다. 책에 소개된 56개의 음반들은 저마다의 사연을 지니고 있다. 저자는 사연의 정체를 7가지로 구분한다.

1. 나의 마음을 두드릴 때 (레코드를 건다.)

2. 예술의 속살을 어루만질 때 (레코드를 회전시킨다.)

3. 관계의 결을 맞출 때 (암을 위치에 놓는다.)

4. 사랑의 인연이 이루어질 때 (리프트를 내린다.)

5. 삶의 소리에 귀 기울일 때 (음악을 듣는다.)

6. 세상의 양면을 깨달을 때 (레코드를 뒤집는다.)

7. 미래를 상상할 때 (끝까지 듣는다.)

"함께 있으면서도 아이러니하게도 불안하고 외로울 때가 참 많습니다. 눈앞에 엄연히 누군가가 존재함에도 타인은 그저 타인일 뿐이라는 관계의 도상만이 관념이 되어 갸우뚱합니다. 커버 속 사진은 공허한 관계를 드러내며 불안하게 휘청거리는 나와 당신의 사이를 극단적으로 묘사합니다." (37p)

등장하는 음반은 핑크 플로이드의 〈Wish You Were Here〉이다. 저자는 음반에 등장하는 두 명의 남자가 등장한다. 둘 모두 말끔한 정장차림이지만, 다른 사내는 불길에 휩싸여 있다. 활활 타오르고 있는 사내나 그렇지 않은 사내 모두 대수롭지 않다는 듯 손을 내밀어 악수를 한다. 저자는 이를 관계의 공허함이라고 정의한다. 관계의 거리는 실제거리의 가까움보다는 아무런 관계를 맺지 않은 듯 보인다는 이야기다. 관계의 무서움은 이러한 불안과 공허를 기반으로 서식한다는 데 있다.

"삶을 어떻게 받아들이느냐에 따라 다른 모습으로 우리에게 다가옵니다. 내가 가야 할 길이니 내가 원하는 길을 가야 합니다. 그 길에는 위험이 매복해 있을 수 있습니다. 삶에 절망과 좌절을 바라는 녀석들도 숨어 있다는 사실을 알아야 해요. 그 어려움 속에서 희망이 잉태되고 새로운 가치가 생겨납니다. 어려움 하나 없이 희망이 솟지는 않을 것입니다. 세상의 어느 길이 자신의 몸을 낯선 이의 발아래 쉬이 내어주겠어요." (133p)

저자는 킹 크림슨(King Crimson)의 데뷔작 〈In The Court Of The Crimson King〉을 통해서 에드바르 뭉크의 작품 〈절규〉를 떠올린다. 표지에 등장하는 일그러진 인간의 얼굴은 삶의 질곡에 빠진 현대인을 암시한다. 저자는 묻는다. 당신이 좌절해서 문제를 풀지 않고 돌려보낸 선물이 얼마나 많은지를. 저자는 속삭인다. 절망의 순간이 와도 절친한 친구를 만난 듯 환하게 웃으며 그 절망마저 따스하게 품어야 다시 일어나 뛸 수 있음을.

"삶의 매 순간은 아름답습니다. 단지 우리가 그 아름다움을 볼 준비가 되어 있지 않아 보지 못할 따름입니다. 누구에게나 가장 아름답게 기억되는 절정의 순간이 있을 것입니다. 뭐가 뭔지도 모르고 보내버린 지난 시절이 어느 순간 문득 좋았음을 깨닫고는 하지요. 아는 것과 가진 것이 많아질수록 삶은 팍팍한 얼굴을 내밀며 생에 대한 아쉬움을 도지게 합니다." (271p)

저자는 아트록 그룹 '예스(Yes)'의 음반 〈Yesterdays〉를 통해서 과거로의 회귀를 시도한다. 그곳은 긁어도 긁어도 멈추지 않는 가려움증처럼, 아프게, 미안하게, 그러나 화양연화의 순간은 다시 올 것이란 기대를 감추지 않는다.

마지막 음반 에세이가 마무리되면 책 뒷부분에는 단골 중고레코드점과 LP 음악카페 소개사진이 등장한다. 저자의 음악적 취향이 드러나는 대목이다. 그곳에는 이미 사라진 레코드점이 등장하고, 아직도 영업 중인 강남과 홍대 그리고 파주의 음악카페가 독자의 시야를 간지럽힌다. 문득 지나간 것들이 그리워질 때, LP를 독립적인 예술품이라고 말하고 싶을 때, 반복되는 소음과 대화에 지쳤을 때, 한 잔의 진토닉처럼 곁에 두고 싶은 책이 바로 『레코드를 통해 어렴풋이』다.

16

그니리치 빌리지의 신화

『바람만이 아는 대답』

밥 딜런

미국의 음악도시라면 뉴욕을 빼놓을 수 없다. 뉴욕에 그리니치 빌리지가 있다면 한국에는 홍대가 있다. 밥 딜런이 1990년대에 서울에서 음악을 시작했다면 기타를 둘러매고 지하에 있는 홍대 공연장의 문을 두드렸을 것이다. 한국에서 가장 밥 딜런스러운 음악가를 꼽는다면 양병집을 빼놓을 수 없다. 글쎄, 한국에서 1970년대에 포크음악을 했던 이라면 모두가 밥 딜런의 적자가 아닐까? 라고 반문한다면 조용히 고개를 끄덕일 수밖에 없다.

모던포크 음악사에서 밥 딜런의 존재는 절대적이다. 물론 1세대 미국 프로테스탄트(Protestant, 신교도) 포크음악가인 우디 거스리와 피트 시거, 위버스가 없었다면 밥 딜런도, 장난꾸러기 코엔 형제의 음악영화 〈인사이드 르윈〉도, 조금은 다른 모습이었을 것이다.

그렇다고 밥 딜런의 음악이 포크음악의 모든 것이라 말하기에는 무리가 있다. 밥 딜런에 대한 가정은 그가 미국이라는 거대시장에서 음악활동을 했다는 것. 다행스럽게도 음악의 메카였던 그리니치 빌리지에서 활동했다는 것. 1960년대는 밥 딜런이 가사로 쓸 만한 사건·사고가 잦았다는 것. 지금은 전시장의 유물이 되어 버린 포크음악에 환호하는 이들이 전 세계에 포진했다는 것으로부터 시작한다.

적어도 그는 음악적으로 행운아다. 그는 엘비스 프레슬리처럼 멋진 무대매너의 소유자도 아니었고, 프랭크 시나트라처럼 미성의 소유자도 아니었고, 짐 리브스처럼 외모가 그럴듯한 음악가도 아니었다. 오히려 이런 결핍감이 밥 딜런이야말로 모던포크의 구세주라는 세평을 얻는데 한몫했다는 사실은 유쾌한 아이러니다. 그만큼 1960년대를 살아가는 젊은 이들에겐 외모도, 무대매너도, 미성도 필요 없는 스타일의 포크음악이 절실했다는 이야기다.

반대로 생각해 보자. 엘비스도, 프랭크 시나트라도, 짐 리브스에게 없는 필살기라면? 정답은 현란한 작사·작곡 능력이다. 밥 딜런은 싱어송라이터의 시대를 연 장본인이다. 그가 40년 가까이 음악가로 존재할 수 있었던 이유가 단지 천재적인 음악적 재능이었다고 얼버무리는 평론가들의 찬사는 뭔가 어색하다. 밥 딜런의 음악인생 40년을 지탱할 만한 예술적 원천은 그가 사랑했던 다양한 문화콘텐츠에 있었다. 그는 미술, 문학, 역사, 철학에 대한 관심이 충만했던 지적인 음악가였다.

"포크싱어들은 노래를 완전한 책처럼 할 수 있었지만 단지 몇 줄로 이야기를 압축했다. 어떤 인물이나 사건을 포크송에 어울리게 만드는 것을 설명하기는 어렵다. 공평하고 정직하고 솔직한 인물과 관계가 있기 때문일 것이다. 추상

적으로 곡을 만들려면 용기가 필요하다." (48p)

『바람만이 아는 대답』은 밥 딜런의 자서전이다. 제목은 그의 초기 음반 〈The Freewheelin' Bob Dylan〉에 수록된 곡 〈Blowin' In The Wind〉를 한글로 인용했다.

밥 딜런의 인기는 소개한 음반들이 알려지면서 세계적으로 거대한 문화적 반향을 일으킨다. 〈The Freewheelin' Bob Dylan〉의 탄생은 밥 딜런을 음악가에서 대중문화의 아이콘으로 수직 상승시킨 거대한 사건이었다.

〈타임(Time)〉의 제이 칵스는 1989년 기사에서 다음과 같이 말한다. '존 업다이크의 소설과 밥 딜런의 앨범 가운데 어느 것이 미국인들의 삶에 보다 자극을 주었는가? 존 업다이크 쪽에 표를 던진 이라면 소개한 기사를 여기까지 읽지도 않았을 것이다'. 이게 바로 초기 비틀스와 롤링 스톤스와 밥 딜런의 차이점이었다.

1960년대 중반에 탄생했던 로큰롤은 사운드의 차별성만 존재했지 음악적 메시지는 별다른 게 없었다. 이 부분이 초기 로큰롤의 아킬레스건이었다. 당시만 해도 대중문화와 고급문화 간의 간격이 적지 않았던 시대였다. 자연스럽게 지식인 계급은 사회적 메시지가 존재하지 않는 로큰롤을 평가절하했다. 밥 딜런의 위력은 난해한 가사에서 암시하는 철학적 메시지에 있었다. 밥 딜런의 음악은 미국을 넘어 세계의 현실을 주목했다. 예나 지금이나 미국의 영예는 주변국들의 불행이었고, 미국의 경제적 호황은 빈익빈 부익부의 일그러진 초상이었다. 밥 딜런의 시각은 미국을 넘어선 세상의 어두운 곳을 향하고 있었다.

"1968년 비틀스는 인도에 있었다. 미국은 분노에 휩싸여 있었다. 대학생들이 주차된 자동차를 파괴하고 차문을 산산이 부수었다. 베트남 전쟁은 국민들을 깊은 우울증에 빠지게 만들었다. 도시가 화염에 휩싸였고, 곤봉이 난무했다. 보수 노조원들이 학생들에게 야구 방망이를 휘둘렀다. (중략) 환각제 복용이 절정에 달했고, 이는 사람들의 판타지를 만족시켜주고 있었다. 새로운 세계관이 사회를 변화시켰고 모든 것이 빠르게 이동하고 있었다." (126p)

언급했듯이 밥 딜런의 음악적 자양분은 다양한 문화예술 장르에서 수혈되었다. 그는 발자크, 모파상, 위고, 디킨스, 포크너, 단테, 루소, 포크너, 톨스토이에 이르는 작가군을 섭렵했다. 시에 대한 사랑 또한 대단했다. 바이런, 셸리, 롱 펠로우, 포우의 시들이 밥 딜런의 음악에 결정적인 영향을 끼친다. 클래식음악가로는 프란츠 리스트와 헨델, 바흐, 베를리오즈, 쇼팽을 선호했다. 한편 재즈음악가는 빌 에반스, 듀크 엘링턴, 디지 길래스피, 패츠 나바로, 아트 파머, 찰리 크리스천과 찰리 파커 등의 음악을 들었으니 거진 백화점식 음악취향을 가진 인물이었다. 밥 딜런의 취미가 미술이라는 것을 아는 이는 많지 않다. 그는 재스퍼 존스, 고야, 로댕의 미술을 좋아했다. 이러한 예술적 관심이 그의 음악에 용해되었음은 물론이었다.

"과거의 이미지가 천천히 사라지고 시간이 흐른 다음 나는 더 이상 악의적인 영향력 아래 있지 않은 것을 발견했다. 결과적으로 시대착오적인 다른 호칭이 강요되었다. 전설, 상징, 수수께끼 같은 인물이라는 말을 들었지만 모두 참을만했다. 이런 말들은 무해하고 진부해서 그런 호칭을 가지고도 여기저기 돌아다니기가 쉬웠다. 하지만 예언자, 메시아, 구세주라는 말은 사람을 미치게 하는 호칭이었다." (137p)

밥 딜런의 인기가 높아질수록 그를 우상화하려는 움직임 또한 동시에 작용했다. 진보성향의 대중들은 밥 딜런이 마틴 루서 킹, 마하트마 간디, 체 게바라, 호찌민에 버금가는 사회운동가로 활동하기를 원했다. 하지만 이런 바람이 순전히 대중들의 착각이었다는 게 밥 딜런의 자서전에서 밝혀진다.

그는 가수로 활동하기 전 웨스트포인트 육군사관학교에 가기를 원했으며, 밤새도록 포커판에서 시간을 죽이는 일이 허다했고, 과격파 공화당원의 지지자였으며, 대중음악이 텔레비전처럼 젊은이들의 정신과 상상력을 파괴할 수 있다는데 공감했던 인물이었다. 그의 성장기는 대중들이 꿈꾸듯이 진보적이고 자기희생적인 면모를 갖춘 존재와는 거리가 멀었다. 다만 훌륭한 포크송 작곡을 위해서 새로운 원형과 타버리지 않을 철학적인 정체성이 필요하다는 것을 인지했던 인물이었다.

밥 딜런만큼 신비주의를 무기로 대중들에게 신화화된 인물은 많지 않다. 따라서 『바람만이 아는 대답』은 밥 딜런이라는 우상으로부터의 탈출과정을 보여주는 기록지다. 누군가를 위해서 절대 깊은 곳으로 들어가지 않으려 했다고 토로하는 밥 딜런. 여기 진취적이지만 내성적인 한 포크음악가의 일기장이 놓여 있다.

17
영원불멸의 삶을 꿈꾸며
『조지 해리슨』
고영탁

영화 〈친구〉, 〈파이란〉, 〈말죽거리 잔혹사〉, 〈아마데우스〉의 공통점은? 모두 이인자의 삶을 소재로 한 영화라는 거다. 이인자란 일인자 근처에서 기생하는 삶을 몸소 체득한 존재다. 이인자가 바라보는 일인자의 삶은 특별하다. 이인자의 하루는 일인자의 삶을 훔쳐보는 일상의 연속이다. 이인자는 좌절과 자기비하와 질투를 벗 삼아 일인자의 자리를 호시탐탐 노린다. 그들에게 이인자라는 자리란 실패한 자의 전기의자일 뿐이다. 영화에 등장하는 모든 이인자는 결국 일인자의 삶을 누리지 못한다. 이인자가 지은 초가집은 철저하게 성공과 행복의 공식과는 거리가 먼 장소에 위치한다.

여기 또 한 명의 이인자가 등장한다. 이름은 조지 해리슨. 사람들은 비틀스 하면 폴 매카트니와 존 레넌을 먼저 떠올린다. 그들의 음성과 작사 작곡능력은 곧 비틀스의 정체성을 설명해주는 바로미터였다. 따라서 비틀스팬이라면 두 명의 음악가로 편이 갈라지는 경우가 많다. 하지만 어쩌랴. 난 두 명의 천재음악가를 합친 것보다 조지 해리슨 한 명이 더 좋은 것을. 비틀스의 광팬들이 들으면 천인공노할 일인지도 모르겠다. 그렇다고 다른 멤버에 대해서 평가절하할 생각은 없으니 참고하기를.

조지 해리슨이 세상을 떠난 지 15주년이 되었다. 아직도 전 세계 공연무대를 휘젓는 폴 매카트니의 노익장에 비하면 때 이른 죽음이었다. 비틀스 시절, 폴과 존의 영향력에 눌려 자신의 곡을 음반에 싣지 못했던 조지. 비틀스의 해산은 그에게 제2의 음악인생을 개척할 절호의 기회였다. 이인자의 두 번째 삶은 영화처럼 비극으로 치닫거나 일인자의 변두리에 머물지 않았다. 사람들은 그제야 그가 비틀스의 후광에 가려진 음악가라는 사실을 인정했다.

"야구장에서는 콘서트 한 번으로 수만 명을 모을 수 있었다. 1965년 전례가 없던 최초의 야구 경기장 콘서트를 마치고 밴드는 미국 서부로 이동했다. 이때 할리우드에서 잠깐 짬을 내 포크 록 그룹 버즈와 어울리게 되었다. 그런데 그 자리에서 버즈의 기타리스트였던 데이빗 크로스비가 조지에게 샹카르를 추천해주었다." (47p)

라비 샹카르가 누구인가. 그는 인도출신의 시타르 연주자였다. 시타르란 인도에서 개량한 발현악기다. 조지 해리슨은 샹카르의 음악에 전율을 느낀다. 스스로가 시타르 악기를 연주했음은 물론이고 이미 1960년대 초부터 서구 클래식 애호가들의 사랑을 받던 라비 샹카르와 돈독한 관계를 지속한다. 라비 샹카르는 재즈싱어인 노라 존스의 친아버지이기도 하다.

결국, 조지 해리슨은 비틀스의 앨범 〈Rubber Soul〉에 수록된 곡 〈Norwegian Wood〉에서 본인이 직접 시타르 연주를 담당한다. 이후 여러 팝 뮤지션이 동양음악에 관심을 두는 현상이 벌어진다. 그는 음악뿐 아니라 철학, 생활방식, 종교에 이르기까지 친인도적인 삶을 지향한다.

"1970년 4월 팝 역사상 최고의 그룹으로 각광받던 비틀스가 마침내 공식 해산했다. 비틀스로 처음 활동할 때 열일곱 살이었던 조지가 이제 스물일곱이 되었다. 다른 멤버들 모두 친한 친구들이었고 함께 성장했으나 이제는 변화해야 할 시간이었다. 조지는 비틀스의 해산으로 누구보다 큰 해방감을 얻었다. 자기 음악을 마음껏 펼칠 수 있는 훨씬 더 넓은 공간을 얻었기 때문이다." (117p)

인도문화에 심취한 조지 해리슨은 크리슈나 종교인으로서의 삶을 추구한다. 그는 비틀스의 공식해산 이전 해인 1969년 겨울부터 서서히 비틀스 시대를 정리한다. 실제 조지는 비틀스 멤버 중 가장 성공적인 솔로활동을 시작한 인물이었다. 그가 비틀스 시절 만들었던 곡들을 중심으로 발표한 첫 솔로앨범 〈All Things Must Pass〉는 팝 역사상 최초의 트리플 앨범(3LP)이었다. 조지가 평소에 만들었던 곡들이 적지 않았음을 알 수 있는 부분이다. 솔로앨범의 반응은 그야말로 대단했다. 첫 싱글 〈My Sweet Lord〉와 앨범 〈All Things Must Pass〉는 미국은 물론 세계차트 1위를 석권하면서 조지 해리슨의 두 번째 전성시대를 축하해줬다. 물론 앨범 구석구석에는 조지가 믿는 신 크리슈나에 대한 찬양의 어구들이 포함되어 있었다.

"미국 뉴욕에서도 센트럴파크에 팬들의 행렬이 이어졌다. 이들은 존 레넌의 기념공원인 스트로베리 필즈에 나와 조화를 놓거나 촛불을 켜고 〈Here Comes The Sun〉을 합창하며 조의를 표했다. 조지의 출생지인 리버풀 시는 시청사에 조기를 걸었고 영국 왕궁인 버킹엄 궁에서는 근위대 악단이 근위병 교대식에서 비틀스 노래를 메들리로 연주했다." (257p)

인도문화에 대한 사랑을 이어가던 조지 해리슨에게 비극적인 사건이 발발한다. 1999년 12월 30일 새벽이었다. 누군가가 조지의 집 근처에 도착한다. 침입자는 20cm가 넘는 칼을 움켜쥐고 조지 해리슨의 이름을 부른다. 조지는 아내와 함께 범인과 난투극을 벌인다. 결국, 범인은 검거되지만 조지는 일곱 차례나 범인의 칼에 찔려 많은 양을 피를 쏟았으며 폐에 구멍이 뚫리는 중상을 입는다. 2001년 11월 29일. 조지 해리슨은 58세를 일기로 물질세계와 결별한다. 놀라운 음악가, 훌륭한 인격체, 비틀스의 현자, 위대한 영혼을 지닌 거인이라는 표현으로 조지 해리슨을 설명하기엔 부족한점이 많다. 그는 물질보다 정신을 추구하는 생활양식으로 자본주의시대 속에서 흔들리지 않는 평화로운 시간을 보냈다. 언론에 대한 증오도, 죽음에 대한 두려움도, 가질 수 없는 것들에 대한 욕망도, 영국 출신의 음악가 앞에서는 무용지물이었다. 책 뒷부분에 실린 가수 엘튼 존의 고별사를 끝으로 책『조지 해리슨 : 리버풀에서 갠지즈까지』를 마무리한다.

"조지는 비틀스의 현자였습니다. 나이는 가장 어렸지만, 사람들이 말하듯, 그는 매우 정신적인 사람이었고 종교적 신념이 특히나 강했던 사람이었습니다. 그저 잠깐 스쳐 지나가는 일시적 관심이 아니었습니다. 그는 명성이나 재물보다 더 가치 있는 것을 발견했습니다. 이러한 종교적 신념이 조지가 마지막 여생을 마무리하는데 도왔을 것으로 생각합니다. 그는 매우 금욕적인 사람이었기 때문입니다. 또 훌륭한 기타리스트의 트레이드 마크는 사람들이 그 기타소리를 듣고 구별할 수 있는 것입니다. 그런 면에서 조지의 기타는 사람들이 듣고 '그래 이건 조지의 연주소리야'라고 말할 수 있을 겁니다. 그의 모든 기타 독주는 매우 멜로딕해서 그 독주에 맞춰 노래를 따라 부를 수 있습니다." (275p)

18
1969
『우드스탁 센세이션』
마이클 랭, 홀리 조지-워런

음악감상에 사전 학습이나 경험이 필요할까. 실은 그냥 흘려듣기만
해도 접근이 가능한 영역이 바로 음악이다. 예를 들어 레드 제플린의 전성
기 멤버가 누구누구이며, 오잔나가 연극과 록음악의 융합을 시도했고, 오
아시스 형제의 술버릇이 어떠하다는 사실까지 기억하지 않아도 감상할 수
있다는 말이 되겠다. 하지만 음악에도 아는 만큼 들린다는 공식이 존재한
다. '그냥 듣기'와 '알고 듣기'는 감상의 즐거움을 설명해주는 척도임이 분
명하다. 『우드스탁 센세이션』은 1969년 미국 뉴욕의 전원도시인 베델평원
에서 3일간 펼쳐진 음악축제를 기획했던 사람들의 이야기다.

그 때문에 영상과 음반으로 제작된 우드스탁 페스티벌(Woodstock
Festival)에 대한 감상 없이 책을 접한다는 건 달걀 빠진 라면이요, 노란무 없
이 자장면을 먹는 행위와 다를 바 없다. 가능하다면 음악이든 영상이든 하
나라도 감상한 뒤 책 읽기를 권한다. 추가로 우드스탁 페스티벌을 영화화한
이안 감독의 〈테이킹 우드스탁〉(Taking Woodstock) 또한 놓치지 말기를.

감상을 마쳤으면 책 이야기로 돌아가 보자. 우선 저자인 마이클 랭을 소개한다. 영화에도 등장하는 마이클 랭은 우드스탁 페스티벌의 공동 기획자다. 그는 1969년의 경험을 살려 1989년 베를린 장벽 제거 기념공연, 1994년과 1999년 속편 격으로 펼쳐진 우드스탁 페스티벌을 기획한다. 『우드스탁 센세이션』은 공연기획자 마이클 랭과 공동편집자인 홀리 조지-워런의 협업 하에 치른 10개월간의 음악여행기다.

마이클 랭이 기억하는 우드스탁 페스티벌은 어땠을까. 이는 함께 손을 잡고 음악과 서로에게 빠져들며 교통체증과 폭풍우 같은 재난에도 모두 하나가 되는 벅찬 경험의 순간이었다. 어떤 문제도 맥스 야스거의 600에이커 농장에 모인 50만 명의 영혼을 해치지는 못했다. 그제야 세상은 공연장에 모여드는 젊은이들을 주목하기 시작했다.

그들은 72시간 동안 모든 것을 함께 나누고 서로에게 박수를 보냈고, 그렇게 해서 살아남았다. 비록 짧은 순간이었지만 마이클 랭과 공연진 그리고 청중들은 그들이 열망했던 사회를 실현해냈다. 시간도, 장소도, 마음도, 인류애를 널리 찬양하고 긍정하는 음악향연 앞에서 하등의 문제가 될 수 없었다고 마이클 랭은 회상한다.

"우리는 우리가 준비하는 행사 이름을 '물병자리 전람회 : 우드스탁 음악과 예술 박람회'라 부르기로 했다. '우드스탁'이라는 이름은 내가 머릿속에서 그런 전원적인 자연무대를 나타내는 말이었다. '물병자리 전람회'라는 제목을 붙인 이유는 음악뿐 아니라 공예, 회화, 조각, 춤, 연극을 모두 포함하자는 의미에서였다." (80p)

마이클 랭이 바라본 1960년대는 갈등과 혼란의 시대였다. 미국 대학가, 도시 빈민가, 전국의 집회장에서는 격렬한 충돌이 벌어졌다. 그는 우드스탁에서 정치적 이슈는 잠시 내려놓고 음악에 맞춰 평화로운 분위기를 즐기자는 생각을 했다. 이는 1960년대를 살았던 청춘들이 열망했던 세상을 실제로 구현할 수 있는지를 시험하는 자리였다. 세계와의 평화와 이해가 가능함을 증명하고 저항문화의 가치를 입증해 보이자는 생각. 사랑과 평화와 음악이라는 세 가지 유토피아를 3일 동안 보여주자는 일념으로 공연을 준비한다.

마이클 랭은 어떻게든 많은 밴드를 섭외하는 데 총력을 기울인다. 금요일은 포크뮤지션들을 등장시키고, 토요일은 주로 서해안 지역에서 활동하는 밴드를, 일요일은 세계적인 거물급 록 밴드를 무대에 올릴 계획을 세운다.

공연에 참가할 음악가들은 그야말로 최강의 구성진으로 꾸며진다. 리치 헤이븐스, 조앤 바에즈, 카를로스 산타나, 지미 헨드릭스, 크로즈비 스틸스 내시 앤드 영, 더 밴드, 알로 거스리, 컨트리 조 맥도널드, 존 세바스찬, 인크레더블 스트링밴드, 마운틴, 캔디드 히트, CCR, 재니스 조플린, 더 후, 저니 윈터, 블러드 스웨트 앤드 티어스, 더 폴 버터필드 블루스 밴드, 제퍼슨 에어플레인 등이 3일간의 축제에 참여한다. 실제 공연의 첫무대를 장식했던 리치 헤이븐스는 중압감으로 인해 후발주자로 공연에 참가하기를 원했다.

"우리가 가야 할 곳이 분명히 보였다. 그것은 예술과 상업이 공존하는 곳, 반대되는 이념들이 공존하는 곳, 인간에 대한 사랑이 최우선이고 서로 간의 차이는 그저 개성일 뿐인 곳이었다. 페스티벌을 이루는 요소들은 언더그라운드 운동과 밀접하게 관계되었지만, 우리는 정치적 색채를 노골적으로 드러내지

않고 평화와 음악에 초점을 맞출 생각이었다." (143p)

페스티벌에 관한 이야기는 미국 곳곳에 퍼져 나갔다. 지금처럼 인터넷 머리기사 한 방이면 이슈가 되던 시대가 아니었다. 복잡하고 역설적이고 이율배반적인 역사의 소용돌이로부터 미국인들은 탈출을 원했다. 전국 각지의 젊은이들이 공연을 보러 오겠다는 연락이 이어진다.

대학신문 편집자, 학생회 간부, 사회운동단체, 일간신문 칼럼니스트, 음악평론가, 로큰롤 애호가, 언더그라운드 매거진 필자 등이 이들이었다.

마지막으로 섭외한 음악가는 놀랍게도 카를로스 산타나였다. 마이클 랭은 공연을 준비하면서 무명밴드의 기타리스트였던 산타나가 누구인지조차 알지 못했다. 당시 산타나는 무명의 음악가였다. 페스티벌에서 가장 헐값으로 무대에 선 산타나는 청중들로부터 최고의 음악적 찬사를 얻어낸다.

놀라운 음악가들로 라인업을 꾸리고 업계 최고의 인력들을 행사 팀원으로 맞이한 마이클 랭. 그는 행사를 마치는 날까지 세상에서 부러울 게 없는 사람이었다. 하지만 공연의 준비과정은 예상만큼 순탄치 않았다. 밥 딜런의 고향이었던 우드스탁은 주민의 반대로 결국 이곳에서 70km가량 떨어진 베델평원에서 펼쳐진다. 우드스탁은 행사를 위한 상징적인 의미였지, 공연장소로는 불가능한 명칭이었다.

"시선을 어디로 돌리든 분위기는 차분하고 좋았습니다. 심지어 무대에서 가장 가까운 곳에 있는 사람들도 어지간해서는 소란을 피울 기미가 보이지 않았으니까요. 때는 여름인데다 시골에서 좋은 시간을 보내고 있었으니까요. 어떤 이들은 마리화나를 피우며 라디오에 맞춰 춤을 추거나 프리스비 원반을 던지며 놀았어요. 또 햇볕을 쬐며 누워 있거나 낮잠을 즐기는 사람, 담요 아래서 사랑을 나누는 사람들도 있었죠. 하지만 주위 사람들과 어울리며 이야기를 나누는 광경이 제일 많았습니다. 여기서는 어디 출신이든 나이가 어떻게 되든 아무도 상관하지 않았어요. 환상적인 분위기였죠." (241p)

우드스탁 페스티벌이 열렸다는 이유만으로 미국을 자유의 땅으로 부르기에는 적지 않은 문제가 남아 있었다. 실제 1969년 저항문화는 쉽사리 미국사회로 침투하지 못했다. 포크음악가 컨트리 조 맥도널드에 의하면 로커나 히피라는 이유만으로 많은 이들이 미워하고 이유 없이 폭력을 행사하거나 체포를 남발하던 시절이었다. 그것뿐인가. 그룹 '더 후'의 과격한 리더였던 피트 타운센드는 페스티벌을 위선자들의 모임이었다고 비난했다. 말로는 혁명이니 사회적 변혁이니 떠들어댔지만, 들판을 접수하고, 담장을 부수고, 마약을 복용하고, 밴드들에게 제대로 보수를 지급하게 않았던 사실에 비난의 초점을 맞춘다.

모든 사회적 현상에는 빛과 그늘이 존재한다. 우드스탁 또한 마찬가지가 아닐까. 엉터리 냉전 이데올로기와 거짓으로 점철된 전쟁, 권위적인 문화가 판을 치던 시대가 1969년이었다. 공연장에 모인 50만 젊은이들은 세상을 바꾸기보다 지키려 했던 게 아닐까. 3일간 이어진 무질서와 변화의 공간 속에서 엄청난 에너지와 자유, 멋진 음악과 공동체 의식이 피어났다. 군중은 어느덧 스스로 공연장 치안을 떠맡고 행사를 지원하기 시작했다. 당시의 상황을 보도했던 〈보스턴 글로브〉 기사와 함께 72시간 동안 펼쳐진 기적의 시간을 정리하고자 한다.

"우드스탁 음악과 예술 페스티벌(행사의 본래 명칭)은 분명 이 나라 국민들의 삶에 있어서 중대하고 긍정적인 의미가 있는 대단한 행사로 역사에 남을 것이다. 많은 젊은이들이 넓은 농장부지에 평화롭고 화기애애하게 모여 개인의 존엄을 존중하는 이상을 입증해보였다. (중략) 베델에 모인 젊은이들의 온화한 성품은 경찰을 포함한 그곳의 많은 연장자들의 마음에 깊은 인상을 남겼다. 세대 차이가 여러 곳에서 성공적으로 메워졌다. 이런 성과를 만들어 낸 행사는 위대하다는 칭송을 받아 마땅하다." (344p)

19
인생의 잡음을 제거하라
『하이 피델리티』
닉 혼비

『하이 피델리티』는 음악중독자가 주인공으로 등장하는 소설이다. 저자인 닉 혼비 역시 음악중독자다. 소설의 무대는 미국의 중고음반점이다. 주인공 롭 고든의 생활반경은 매우 단순하다. 자신이 운영하는 중고음반점으로 출근. 음악광인 직원과 시시덕거리기. 손님 취향에 어울릴 만한 중고음반 추천. 퇴근 후 수천 장의 레코드 컬렉션에 둘러싸여 음악감상. 그리고 취침.

　　나는 소설보다 영화를 먼저 접했다. 영화는 〈사랑도 리콜이 되나요〉(원제 : High Fidelity)라는 제목이었다. 주인공역은 존 큐잭, 잭 블랙은 로큰롤 마니아인 음반점 직원으로 등장한다. 재미있는 사실은 영국, 미국, 일본, 한국 할 것 없이 중고음반점의 분위기는 매한가지라는 거다. 중고음반점의 주인장은 틀림없이 록음악 마니아다. 이들의 음악적 내공은 일반인의 상상을 초월한다. 소설에도 등장하듯이 이들은 스티비 원더나 E.L.O

의 음악이라면 코웃음을 치지만 프랭크 자파나 오티스 레딩의 음악에 대해서는 심각하게 고개를 끄덕인다.

다시 주인공에 대해서 살펴보자. 좋아하는 책은 레이먼드 챈들러의 『빅 슬립』, 토머스 해리스의 『레드 드래건』, 피터 거럴닉의 『스위트 솔뮤직』(1950년대 미국 솔음악의 역사를 기록한 책)이란다. 좋아하는 미국영화는 〈대부〉(1, 2편), 〈저수지의 개들〉, 〈택시 드라이버〉, 〈좋은 친구들〉이다. 스트레스를 받으면 집에 틀어박혀 수집한 음반들을 정리하는 습관이 있다. 평균 키에 마른 편도 살찐 편도 아니고, 지저분하게 수염을 기르지도 않은 데다 늘 말끔하게 하고 다니며, 언제나 청바지와 티셔츠에 가죽 재킷(여름만 빼고)을 입고 다닌다. 문화예술인들의 일반적 성향을 대변하듯이 선거 때에는 늘 노동당을 찍고, 페미니스트들의 주장이 뭔지 대충 감을 잡고 있다.

그런 주인공에게도 고민이 있다. 번번이 연애전선에서 패전을 거듭한다는 거다. 그가 한심하다고 비난하는 여타 음악광처럼 미친 듯이 술을 마시지도 않고, 독서와 담을 쌓지도 않았으며, 게으름과 불규칙한 식사로 심하게 뚱뚱하지도 않으며, 싸움질에 휘말리거나 돈 자랑을 하지도 않으며, 마약을 하지도 않는데 말이다. 스스로를 괜찮게 생긴 남자라고 여기는 주인공의 문제는 과연 무엇일까.

"집으로 돌아가 내 레코드 컬렉션과 함께 있고 싶은 게 그토록 잘못된 일일까? 레코드를 수집하는 것은 우표나 맥주잔 받침이나 골동품 골무를 수집하는 것과는 차원이 다르다. 레코드에 이 세상 모든 것이 들어 있다. 내가 사는 세상보다 더 멋있고 더 더럽고 더 폭력적이고 더 평화롭고 더 화려하며 더 타락하고 더 위험하고 더 정겨운 세상이다. 거기엔 역사와 지리와 시와 음악을 포함해, 학교에서 제대로 배웠어야 할 셀 수 없이 많은 것들이 있다."(96p)

어쩌면 이렇게 생생한 표현이 가능할까. 저자 닉 혼비는 골수 음악중독자이자 음반중독자임이 분명하다. 지금까지 살아오면서 주인공과 비슷한 취향을 가진 이들을 필자를 포함하여 수십 명을 보았다. 이들을 뭉뚱그려 표현하는 것은 무식하고 위험한 발상이다. 딱 한 가지를 말하자면 이들은 밥보다 음악, 연애보다 음악(가끔 아닐 때도 있지만 결국에는 음악이다), 가족보다 음악을 더 사랑하는 종족이다. 누구의 협박에도 굴하지 않고, 누구의 유혹에도 굴하지 않는 음악신을 섬기는 삶을 지향한다. 그들에게 노동이란 음반을 구입하기 위한 절차에 불과하다. 독서도, 영화도, 수업도, 광고도, 몽상도 모두 음악에 몰입하기 위한 도구에 지나지 않는다. 할 말이 무척 많지만, 이 정도로 그만하자.

"전화를 하는 남자가 있고 전화를 하지 않는 남자가 있다. 난 후자이기를 너무 너무 바란다. 그들이야말로 훌륭한 남자이며, 여자가 남자한테 안달할 때 마음속에 그리는 그런 남자인 것이다. 무신경해 보이는 남자. 걷어차이면 사나흘 밤 홀로 술집에 앉아 있다가 다시 일상으로 돌아가는 남자. 비록 다음번엔 여자를 전처럼 믿진 않겠지만 그렇다고 해서 바보짓을 하거나 다른 사람을 겁주지도 않는 남자. 그런데 난 이번 주에 바보짓도 하고 겁도 줬다."(173p)

음악광에 축구광인 책의 저자라면 적어도 연애에는 젬병이지 않을까, 하던 예상이 위에 소개하는 문구로 단박에 깨져 버렸다. 자세히는 모르겠지만 나름 그럴듯한 논리가 아닌가 싶다. 주위에 마흔 줄에 이르러 결혼한 녀석이 있다. 술꾼에 대학시절 그룹사운드 활동을 했을 정도로 예능에도 재능이 있는 한량인데 아무리 읽어 봐도 녀석과는 다른 점이 별로 없다.

문제는 녀석이 결혼한 후에 나타난다. 하루가 멀다 하고 아내의 구박에 시달리는 친구. 결혼하는 순간, 배우자는 영원한 사랑을 담보 받기를 원한다. 녀석에게는 그럴 만한 에너지가 없었나 보다. 잘 모르겠지만, 시간이 흐르면 녀석도 비록 멋지지는 않지만, 그럭저럭 아내를 만족하게 해 줄 만한 사랑을 다시 하지 않을까 싶다. 그게 당연한 부부의 길이라고 말하는 건 유치한 어법이다. 그렇게 살아야만 하는 이도 있고 그렇지 않은 이도 존재하니까. 어쨌거나 총각시절의 발랄함과 유쾌함이 조금씩 사라져 가는 녀석을 볼 적마다 안타까움이 드는 건 어쩔 수 없다. 적어도 녀석은 소설의 주인공처럼 폼나는 연애를 했던 인물이니까.

"너무 많은 레코드를 듣는 게 어떻게 인생을 망가뜨리는가에 대하여 얘기하자면…. 결국 레코드와 인생 사이에 상관관계가 있지 않나 싶다. (중략) 난 결혼하지 않은(현재로선 미혼 말고 다른 가능성도 없어 보이는), 다 쓰러져 가는 레코드가게 주인이다. 음악을 삶의 중심에 놓으면 거기서 연애생활을 분리해내기 어려워지고, 연애조차 음악 같은 것처럼 생각하기 마련이다." (187p)

어렵사리 만난 주인공의 여자친구는 이런 충고를 던진다. 주인공을 인간으로서의 가능성으로 보자면 기본적인 것을 갖추고 있다고. 맘먹고 노력만 하면 정말이지 호감 가는 남자라고. 게다가 친절하고, 누굴 좋아하기로 작정하면 상대방은 마치 자기가 세상의 중심인 것처럼 느끼게 해준다고. 게다가 섹시한 느낌까지 추가. 여기까지는 칭찬을 넘어 찬양에 가까운 수준이다. 여기서 반전이 등장한다. 여자는 늘 머릿속에서만 헤매는, 뭔가 일을 시작하기보다 주저앉아서 생각만 하고, 또 대부분은 쓸데없는 것만 생각하는, 실제 벌어지고 있는 일을 놓치고 있는 주인공을 비난한다.

『하이 피델리티』의 중반 이후는 음악보다는 주인공의 연애사가 주를 이룬다. 감칠맛 나는 대사에 인물설정 또한 나쁘지 않다. 그런데 앞부분만큼의 집중도가 떨어진다. 생각해 보니 필자의 음악적 취향이 주인공과 너무 흡사하다는 게 문제였다. 난 애초부터 음악과 관련한 이야기를 염두에 두고 두 가지 판형으로 출간한 『하이 피델리티』를 구입한 것이었다.

음악이라. 지나친 음악사랑은 연애노선의 윤활유라기보다는 암초라는 사실을 저자는 말하고 싶었던 것일까. 아니라고 사료된다. 사람은 무엇이든지 적당히 미쳐 있기 마련이니까. 단지 미치는 대상이 늘 인간일 수는 없는 법이다. 연애 또한 정답이 없다. 누구의 충고도 순간의 진통제일 뿐 완벽한 처방전은 아님이 분명하다. 어쩌겠나. 음악에 미쳐 살면서 여유가 생긴다면 사랑에도 관심을 둬보는 게 그럴싸한 인생일지도 모르겠다. 다시 말하지만 미치는 데 정답은 없다.

20

어제의 사건·사고

『전설들의 이야기는 어떻게 노래가 되었나』

로버트 힐번

제목이 조금 길다. 『전설들의 이야기는 어떻게 노래가 되었나』는 음악전문기자 겸 음악평론가, 로큰롤 명예의 전당 후보지명위원회 위원인 로버트 힐번의 대중음악 비화모음집이다. 재판을 찍으면서 제목과 표지를 바꾸는 책들이 적지 않다. 소개하는 책은 2014년에 재발간한 음악비화서다. 초판의 제목은 『존 레넌과 함께 콘플레이크를』이다. 표지에 등장하는 저자와 레넌의 삽화 또한 매력적이다.

음악서적이라면 인터넷서점 전자상거래 시 일단 장바구니에 담고 보는 편이라서 하마터면 같은 책을 또 구매할 뻔했다. 출판사에 부탁한다. 재발간도 좋지만 중복구매자를 위해서 간단한 안내글이라도 추가하라고. 잘못 구매한 책의 반품과정이 생각만큼 간단치 않기 때문이다.

책에 소개하는 팝스타들의 일화는 저자의 개인적 선호가 적지 않게 작용했음을 알 수 있다. 특히 브루스 스프링스틴에 대한 로버트 힐번의 이야기는 찬사에 가깝다. 어차피 유명 음악평론가의 팝스타 뒷담화라는, 구미가 당기는 편집이라지만 이건 좀 심하지 않나 싶다. 육체노동자의 고뇌를 가사로 활용하는 백인 리무진 좌파의 음악철학이라고 해봐야 그다지 멋지지 않다는 게 이유다. 따라서 브루스 스프링스틴은 인용문에서 우선적으로 제외했다.

논문이 아니라면 글이라는 게 쓰는 자의 기호나 취향이 녹아들기 마련이다. 게다가 독자와의 입맛과 조화를 이룬다면 이보다 즐거운 일은 없을 것이다. 이렇게 말하면 내가 마치 브루스 스프링스틴의 음악을 저주하는 인간이라고 생각할지 모르겠지만, 그 정도까지는 아니다. 지금도 그의 음반 〈Nebraska〉와 영화 〈필라델피아〉의 사운드트랙을 즐겨듣는 사람이니까. 그럼에도 저자의 브루스 스프링스틴에 대한 찬사는 짝사랑의 수준을 넘어섰다는 게 필자의 생각이다.

어쨌거나 『전설들의 이야기는 어떻게 노래가 되었나』는 영어권 대중음악에 관심이 있는 독자들의 호기심을 자극할 만한 비화들이 적지 않다. 등장인물도 마이클 잭슨, 존 레넌, 프린스, 보노, 엘비스 프레슬리, 엘튼 존, 스티비 원더, 커트 코베인 등 접근성이 나름 구미를 당긴다.

"나는 록음악계의 미래가 걱정되기 시작했다. 비틀스와 CCR 그리고 더 밴드의 해체를 지켜봤고, 재니스 조플린, 지미 헨드릭스, 듀언 올맨, 브라이언 존스 그리고 엘비스의 부고기사를 썼다. 1977년 이후 존 레넌은 음악을 하지 않았고, 폴 매카트니의 음악은 들어주기 힘들 정도였다." (169p)

저자는 1980년대를 록음악의 암흑기라고 한탄한다. 공감한다. 1970년대의 향수를 1980년대로 옮겨놓기에는 록의 전설들이 제자리걸음을 반복했다. 로버트 힐번은 밥 딜런의 음악적 영향력은 예전과 같지 않았으며, 롤링 스톤스(The Rolling Stones)의 공연이 사람들을 열광시켰지만 그들의 신작앨범은 미숙했고, 더 후는 내리막길을 걷고 있다고 아쉬워한다.

여기까지는 이견이 없다. 1970년대는 록 마니아들에게 정말이지 행복한 시대였다. 저자는 이후에 등장하는 록시 뮤직, 스틸리 댄을 주목하지만, 이들의 차가운 이미지와 한정된 음악성향에서 스타성을 느끼지 못한다고 털어놓는다. 대중적 인지도를 첫째로 꼽는다면 저자의 변이 백번 맞다. 그렇다면 조니 미첼과 닐 영, 폴 사이먼, 톰 웨이츠는 어떨까. 저자는 이들의 독립적인 성향은 대중음악계를 이끌어갈 만한 리더십을 기대하기는 어렵다고 선을 긋는다.

마지막으로 밥 말리가 마지막 대안으로 등장한다. 로버트 힐번은 레게라는 하위문화의 상징성은 인정하나 이국적이고 주제가 한정되어 있음을 밥 말리의 한계라 꼬집는다. 결국, 로큰롤 시대의 승자였던 엘비스, 비틀스, 딜런의 카리스마를 가질 만한 인물은 오직 브루스 스프링스틴이라고 추켜세운다. 이런 젠장.

"마이클을 만나면 만날수록 내면의 외로움과 인기에 대한 집착을 느낄 수 있었다. 투어 중인 뮤지션들은 리허설에 대부분의 시간을 투자하면서 어떻게 하면 더 멋진 공연을 펼칠지 고민한다. 그게 아니라면 마약에 빠져 인사불성이 되거나 자기를 쫓아다니는 여성팬들과 밤을 보내기도 한다." (265p)

마이클 잭슨의 '스타병'은 빌리언셀러 음반 〈Thriller〉 이후 본격화된다. 저자는 마이클 잭슨이 일반 뮤지션들과는 완전히 다른 성향의 인물이라는데 주목한다. 그는 몇 시간 동안 자리에 앉아 스타가 된 자신에 대해 이야기하며, 자신이 이 세상에서 가장 성공한 스타라는 것을 확인받기를 원하거나 혹은 관객석에서 울부짖는 팬들의 사진을 들여다보고 있는 마이클 잭슨 같은 음악가는 만나본 적이 없다고 토로한다. 이는 마이클 잭슨에 대한 우회적인 표현에 불과하다.

그는 엘리자베스 테일러, 캐서린 헵번, 제인 폰다와 같은 여배우들과 자신을 연결시켜 더 큰 유명세를 만들려 하는 마이클 잭슨의 속셈을 지적한다. 마이클 잭슨의 유명세에 대한 병적인 집착은 엘비스의 딸과 결혼하는 과정에서 재확인된다. 마이클 잭슨은 저자에게 자신이 브룩 실즈와 깊은 관계였다고 말을 흘리지만, 로버트 힐번은 이를 믿지 않는다.

한편 저자는 마이클 잭슨은 관객과의 거리를 유지해야 자신감을 잃지 않는다고 충고한다. 팬들과 소통하면서 서로의 결속력을 강하게 다지는 U2와 브루스 스프링스틴과는 다른 방식을 선택한 마이클 잭슨. 저자는 마이클 잭슨의 폐쇄적이고 스타 지향적인 성향과 음악 모두를 평가절하한다. 그는 〈Thriller〉 이외의 모든 음반이 예술적으로 실패한 작품들이라고 주장한다. 마이클 잭슨은 팝의 제왕에서 광고의 제왕으로 전락했음을 암시하는 대목이다.

결국, 저자와 마이클 잭슨은 전화로 언쟁을 주고받다가 연락이 끊어진다. 평론가와 추락하는 팝스타와의 마지막 대화는 그렇게 종말을 고한다.

"이제 록음악은 힙합, 아메리칸 아이돌, R&B 여가수들, 디즈니의 10대 스타들

그리고 크로스 오버 컨트리 가수들에게 밀려 젊은이들 사이에서조차 중요하지 않은 분야가 되었다는 것은 분명하다." (425p)

아쉽지만 록음악의 추락은 미국만의 현상이 아니다. 일본을 포함한 한국에서도 록음악의 전성시대는 지나갔다. 이제는 소수 음악광들의 전유물로 근근이 예전의 명성을 유지하고 있는 형편이다. 그렇다면 이는 해적음반과 불법다운로드, 비디오 게임과의 전쟁 그리고 젊은이들의 눈과 귀를 사로잡는 인터넷과 스마트폰이 결정적인 원인이었을까.

저자는 이를 핑계라고 일축한다. 그는 1980년대 이후 등장하는 록음악이 수백만 미국 록팬들의 음악적 신뢰를 얻지 못한 것이 원인이라고 설명한다. 추가로 2000년대 후반부터 벌어진 음반업계의 치명적인 실수를 지적한다. 음반업계에서는 CD를 포함한 과학기술을 흔쾌히 수용했다. 아날로그에서 디지털로의 음악적 이동은 수년간 놀라운 수익을 보장했지만 이와 함께 복사기술의 증가로 음반을 통한 음악감상은 자취를 감춰버렸다.

저자는 마지막 부분에서 음악팬들은 여전히 비틀스나 엘비스에 필적하는 스타의 재림을 기대한다고 이야기한다. 음악성과 대중성을 두루 갖춘 대형 음악가의 탄생은 가능할까. 한때 팝음악계를 뒤흔들었던 스타들은 어떻게 내리막을 걸었을까. 그들은 무엇 때문에 명예와 권력에 모든 것을 바쳤을까. 세상을 놀라게 했던 록스타들의 사생활이 궁금한가? 그렇다면 『전설들의 이야기는 어떻게 노래가 되었나』가 궁금증을 해결해 줄 것이다.

재즈만큼 제멋대로인 음악이 있을까. 반대로 생각해 보면 재즈만큼 흡입력이 강한 음악은 없다. 어떤 장르의 음악도 재즈 앞에서는 고개를 숙인다. 왜냐하면, 재즈란 모든 장르의 음악을 멋지게 변형해서 들려주는 일종의 만병통치약 같은 음악이기 때문이다. 연주시간도 마음대로다. 아직도 의문이 가시지 않는다면 기타리스트 짐 홀이 연주한 아랑훼즈 협주곡을 들어보라. 순간, 그대는 이미 재즈의 마력에 중독되었음을 감지할 것이다.

제3장

재즈를 읽다

21
이야기로 듣는 재즈
『그 남자의 재즈일기』
황덕호

황덕호는 '재즈형 인간'이다. 느릿한 말투에 유머감각 게다가 유유자적해 보이는 표정까지 모든 분위기가 재즈스럽다. 요란스럽지 않게 툭툭 던지는 촌철살인은 J. J. 존슨의 호방한 트롬본 소리처럼 묵직하다. 그의 재즈사랑은 전방위적이다. 재즈음반점 운영, 재즈강의, 재즈방송, 재즈에 관한 저술까지 재즈형 인간의 교본다운 삶을 진행 중이다.

피에르 부르디외는 좋아하는 음악장르에 따라서 인간의 계급이 구분된다고 말한다. 예를 들자면 클래식은 상류계급, 록음악은 서민계급으로 분류하는 식이다. 역사적으로 클래식은 당시 대중들이 폭넓게 향유했던 음악이니 뭐니 하는 반론은 차치하더라도 문화후원 영역에서 클래식이 록음악보다 우선순위에 있는 것이 사실이다. 댄스뮤직이야 음악산업의 영역으로 편입되어 이미 거대자본이 조종하는 흔하디흔한 상품으로 자리매김했다. 아쉽게도 록음악은 후원의 영역에도 음악산업의 가시권 내에도 들지 못하는 떠돌이 신세로 연명하는 중이다.

여기에 재즈라는 장르를 추가한다고 해도 크게 달라질 것은 없다. 문화후원의 선진국이라 불리는 프랑스에서 재즈는 클래식과 어깨를 나란히하는 문화영역이다. 얼마 안 되는 문화예산 가지고 여기저기 나누다 보면 남는 돈이 없다는 정부의 신세타령도 이제는 좀 지겹다. 그렇다고 일이년 반짝하다가 사라지는 기업의 문화후원 역시 신뢰감이 떨어진다. 문화예술에 관심조차 없는 멍청한 보수정치권의 행보도 답답하기 이를 데 없다. 결국, 재즈나 록음악은 시대의 저주받은 유물로 사라질 것인가. 아니라는 데 소장한 재즈음반 열 장을 건다. 왜냐하면, 그게 바로 재즈나 록의 정체성이니까. 그렇게 재즈나 록은 멸시와 탄압의 세월을 견뎌낸 소중한 문화유산이니까.

저자의 『그 남자의 재즈일기』는 2002년 두 권의 결과물로 출판시장에 선을 보였다. 세월이 흘렀다. 이제 독자들은 2015년 한 권으로 취합한 개정판 『그 남자의 재즈일기』를 만날 수 있다. 참고로 소개하는 문구와 페이지는 처음 나왔던 『그 남자의 재즈일기』를 참고했음을 밝혀둔다.

"재즈는 요즘 세인들이 느끼는 화려하고 세련된 이미지가 아닌 70년대의 어두운 느낌을 내게 던져준다. 비록 그것은 얼마 되지 않은 시간, 가게를 맡기로 한 후 몇 주간, 재즈를 생각하면서 얻게 된 단순한 느낌이지만. 그것은 마냥 우울하고 무거운 것만은 아니다. 비 오는 날 소주 한 잔과 곰탕 한 그릇을 먹으러 세운상가 옆 골목을 들어서는 기분처럼 내일 인사동에서 가게를 여는 내 기분은 왠지 칙칙하면서도 약간은 설레인다. 그곳엔 분명 재즈가 있을 것이다." (22p)

일기의 시작은 1998년 3월 11일이다. 주인공은 다음날 인사동 거리에 '장수풍뎅이'라는, 재즈음악과는 상관없어 보이는 간판을 내건다. 음반점이 위치한 인사동 또한 마찬가지다. 전통찻집과 자연미와 고풍스러움이 어울리는 인사동에 뜬금없이 재즈가게가 들어선다고 하니. 초반의 흐름은 재즈광이 아니어도 부담 없이 읽을 수 있는 이야기가 펼쳐진다. 저자는 누구나 부담 없이 진입할 수 있는 골격의 글쓰기를 시도하고 있다. 소설도, 에세이도, 이론서도 아닌 형태의 글쓰기. 그래서 『그 남자의 재즈일기』는 읽는 맛이 쏠쏠한 책이다.

본격적인 재즈이야기는 팻 메스니와 키스 재럿의 음악으로부터 시작한다. 뜬금없이 팻 메스니의 음악수준이 낮다고 지적하는 손님이 등장한다. 음반점 주인(저자의 아바타라고 짐작된다.)은 예술에 수준과 격이라는 게 존재한다고 믿는 사람이다. 하지만 주인은 수준이라는 이름으로 경솔하게 대상을 규정하는 불성실함과 오만함을 너무 많이 보아왔으며 그런 것에 메스꺼움을 넘어 분노를 느끼는 인물이다.

"그래도 이곳 장수풍뎅이에 앉아서 그럭저럭 약 1년간 재즈만을 꾸준히 들었는데 아직도 듣기에 황당한 음악을 만나는 것을 보면 역시 재즈는 한 세기라는 세월을 살아온 나름의 오랜 역사를 갖고 있는 음악인가 보다. 더욱이 그 황당함이라는 것을 어떤 새로운 조류를 만나서가 아니라 이미 고전이라고 일컫는 음악 속에서 경험할 때, 결국 그 황당함의 실체는 음악의 문제가 아니라 고작 1년 투자하고 뭐든지 다 알 것 같이 착각한 내 생각 자체의 모습이었음을 뒤늦게 깨닫는다.”(228p)

『그 남자의 재즈일기』는 주인공과 그의 지인과 가게에 들르는 손님들과의 대화를 통해서 조금씩 재즈를 알아가는 과정을 묘사한다. 뒷부분으로 갈수록 다양한 재즈음반들이 등장함은 물론이다. 풀어서 말하자면 '줄거리가 있는 재즈음반설명서'라고나 할까? 1년간 '장수풍뎅이'에 등장한 음반의 주인공은 다음과 같다. 카운트 베이시, 루 도날드슨, 레드 갈랜드, 지미 스미스, 존 콜트레인, 데이브 브루벡, 아트 페퍼, 케니 도햄, 오스카 피터슨, J. J. 존슨, 주트 심즈, 마일스 데이비스, 빌 에반스, 클리포드 브라운, 소니 롤린스, 아트 블래키, 폴 데스몬드, 게리 멀리건, 윈턴 마살리스, 호레이스 실버, 디지 길레스피, 셀로니오스 몽크. 이 정도면 스윙에서 모던재즈시대까지 나올 만한 굵직한 연주자의 목록으로 손색이 없다.

"난 어떻게 하면 가게 운영을 보다 잘해 볼 수 있을까 하는 생각에 재즈를 듣기 시작했다. 하지만 그렇게 시작한 재즈감상은 이제 가게운과 별개의 것이되었다. 오히려 지금 나의 재즈감상은 가게 운영에 걸림돌이 되고 있는지도 모른다. 왜냐하면 난 가게에 반드시 필요한 음반들을 충분히 확보하는 것보다 내가 듣고 싶은 음반을 구하는데 보다 혈안이 되어 있으니까 말이다.”(416p)

『그 남자의 재즈일기』의 매력은 일기체와 대화체 문장을 적절히 버무린 저자의 글맛에 있다. 1990년대에 등장한 재즈서적들은 너나없이 유명 재즈연주자와 재즈명반, 재즈역사를 나열하는 식으로 모습을 드러냈다. 이를 참고하여 틈새시장을 공략한 영리한 책이 바로 『그 남자의 재즈일기』이다.

책의 마지막은 3년을 채 넘기지 못하고 문을 닫는 음반점 장수풍뎅이가 등장한다. 주인공은 일주일간 대대적인 재즈음반 할인판매를 실시한다. 이제 장수풍뎅이는 인사동 거리에서 사라지는 것이다. 또 하나의 작은 재즈의 역사가 자리를 잡지 못하고 역사에서 지워지는 순간이다. 장수풍뎅이의 사라짐은 경계인으로 살아왔던 재즈뮤지션의 삶과 크게 다르지 않다. 그렇게, 조금은 아쉽게 『그 남자의 재즈일기』는 막을 내린다. 때는 2000년 11월 17일이었다.

22
재즈의 역사를 바꾼 남자
『마일스 데이비스』
마일스 데이비스

과연 마일스 데이비스를 빼놓고 재즈를 말할 수 있을까. 기라성 같은 재즈연주자들이 역사에서 등장했다 사라져갔다. 그중에서 단연 돋보이는 존재가 마일스 데이비스다. 하드밥, 쿨, 모드, 퓨전재즈라는 반세기 동안 재즈가 보여줄 수 있는 모든 영역을 창조해낸 인물. 그가 리더로 활동했던 밴드를 거쳐 간 연주자들 또한 만만치 않다. 존 콜트레인, 빌 에반스, 존 스코필드, 마이크 스턴, 윈턴 켈리, 폴 챔버스, 행크 모빌리, 허비 행콕, 조지 콜맨, 론 카터, 레드 갤런드 등의 대가들이 마일스 사단의 일원으로 활약했다.

자서전 형태로 출간한 『마일스 데이비스』는 재즈 트럼펫 주자이자, 작곡가, 밴드리더라는 일인 삼역을 해냈던 흑인 재즈연주자의 삶이 가감 없이 실려 있다. 흔히 자화자찬 격의 자서전에 식상한 이들에게 『마일스 데이비스』는 원석에 가까운 책이다. 자신의 일생을 한 발짝 멀리서 바라본다는 것. 이는 용기가 있는 자들만의 특권이다. 이렇게 마일스는 인종차별과 마약과 연주자들과의 갈등과 음악적 고뇌 위에서 작두를 탔던 자신의 삶을 적나라하게 털어놓는다. 그 목소리는 들개처럼 거칠고 겨울철 대나무처럼 날카롭다. 마일스는 위인이라기보다 한 인간으로서의 자서전을 원했다. 그가 완성한 수십 장의 음반들처럼.

'마일스 데이비스 최고음반은 뭘까요?'처럼 어려운 질문은 없다. 언뜻 생각해봐도 열 장에 가까운 음반들이 떠오른다. 타인의 취향이 아닌, 자신의 취향으로 마일스의 명반을 꼽아볼까. 일단 1956년 연작으로 발매한 4부작 〈Workin'〉, 〈Steamin'〉, 〈Cookin'〉, 〈Relaxin'〉 시리즈가 떠오른다. 그리고 〈Birth Of The Cool〉(1949~1950), 〈Round About Midnight〉(1957), 〈Miles Ahead〉(1957), 〈Porgy And Bess〉(1959), 〈Kind Of Blue〉(1959), 〈Sketches Of Spain〉(1960), 〈Someday My Prince Will Come〉(1961), 〈Seven Steps To Heaven〉(1963), 〈In a Silent Way〉(1969), 〈Bitches Brew〉(1970), 〈We Want Miles〉(1982), 〈Star People〉(1983) 등을 꼽고 싶다.

"그걸 뭐라 부르든, 반항적이고 체제에 순응하지 않는 흑인이라는 것, 근사하고 유행의 첨단이고 화가 나 있고 세련됐으며 매우 깔끔하다는 점. 나는 그 모든 것이었고 그 이상이었다. 그러나 난 트럼펫을 연주하는 음악가였고, 대단한 그룹을 하고 있었으므로, 반항적인 이미지만으로 인정받은 것은 아니었다. 나는 트럼펫을 연주하면서, 창조적이고 상상력이 풍부하며 최고로 재주있고 예술성 높은 음악계 최고의 밴드를 이끌고 있었다. 우리가 인정받은 것은 그

이유에서였다." (272p)

그는 자서전에서 자신을 만든 대부분은 아버지에게서 물려받았다고 말한다. 그의 아버지 직업은 소위 잘 나가는 치과의사였다. 당시 흑인으로서 꿈꾸기 힘든 삶을 누렸던 셈이다. 성공한 흑인아버지의 자기정체성, 자신감, 유색인종으로서의 자부심은 훗날 마일스가 사회와 사물과 음악을 해석하는 데 결정적인 영향을 미친다. 마일스 역시 자신의 공연을 찾아오는 상류층 백인들을 달가워하지 않았다. 심지어 백인 청중들 앞에서 등지고 트럼펫을 연주했던 일화는 지금까지도 마일스를 설명할 적마다 약방의 감초처럼 등장한다.

"뮤지션으로서 또 예술가로서 나는 항상 음악을 통해 가능한 한 많은 사람들에게 다가가고 싶었다. 그렇다고 해서 결코 부끄럽게 여기지는 않는다. 내 생각에 '재즈'라는 음악은 소규모 집단의 사람들에게만 접근하려 하거나, 옛날에는 예술적이라고 여겨졌던 다른 모든 죽어 버린 것들처럼 박물관에나 있는, 유리 안에 갇힌 물건이 되려는 것이 절대로 아니기 때문이다." (282p)

마일스는 흑인연주자가 백인들이 판치던 음악비즈니스계에서 살아남는 법을 누구보다도 정확하게 알고 있었다. 그는 냉정하면서 영리한 음악가였다. 그가 명성을 날리던 1950년대 후반은 재즈의 전성시대였다. 재즈음반사 〈프레스티지〉에서 활동하던 마일스는 주류 음반사였던 〈컬럼비아 레코드〉로 자리를 옮긴다. 그는 대중성이 오히려 자신의 음악의 가치를 높여주는 촉매제라 판단했다. 당시 마일스가 진정으로 원했던 건 트럼펫을 불며 음악과 예술을 창조하고, 음악을 통해 자신의 느낌을 대중과 소통하는 것이었다.

> "내가 1971년 대부분의 상이 흑인들의 것을 베끼는 백인들에게, 즉 진정한 음악보다는 딱한 모방에 들어간다는 말을 함으로써 그래미 시상식 관계자들과 논란에 휩싸였다. (중략) 모든 그래미상을 흑인인 척 행동하는 백인들에게 주는 방식으로 흑인 뮤지션들을 대우하는 그런 방식이 싫었다." (452p)

아버지처럼, 마일스는 미국문화의 주류로 행세하는 상류층 백인세력과 갈등의 각을 멈추지 않는다. 사실 음악에서 재즈는 흑인들만의 전유물이었다. 이를 백인들이 즐기고, 백인들이 연주하는 일은 이제 일상이 되었다. 헤비메탈과 컨트리음악은 백인의 영역으로 알려졌다. 아쉽게도 이 장르에서 활약하는 흑인음악가는 거의 볼 수 없다. 재즈, 랩, 솔, 디스코, 펑크, 블루스 이 모든 장르가 백인들의 영역으로 넘어가고 있었다. 마일스의 날이 선 항변에도 인종주의에 물든 백인 음악사업가들은 마일스를 함부로 대할 수 없었다. 그만큼 마일스는 음악계에서 무시할 수 없는 존재가 되어 있었다. 또한, 마일스는 인기와 명예 앞에 자신의 영혼을 내려놓을 만큼 어리석은 인물이 아니었다. 그렇게 마일스는 음악인으로서, 자존감 넘치는 흑인으로서 살아남았다.

> "나는 다른 사람들이 보지 못하는 것을 사람들에게서 알아보는 직감적인 부류의 사람이다. 다른 사람들이 듣지 못하는 것을 들으며, 그들이 많은 세월이 지나서야 그 중요성을 깨닫게 되는 것을 듣는다. 그러나 그때가 되면 나는 이

미 다른 어딘가에 있고 그들이 보고 있는 것이 무엇인지 잊어버린 후이다.”

(575p)

마일스는 1945~1949년, 마약을 끊고 난 후인 1954~1960년, 그리고 1964~1968년을 음악적으로 가장 왕성했던 시기였다고 털어놓는다. 그는 다른 재즈연주자들처럼 마약의 늪에서 허우적거렸다. 그가 즐겼던 복싱 경기처럼, 마일스는 오뚝이같이 약물중독의 후유증을 털고 새로운 재즈 음악을 창조해냈다. 지금 유행하는 애시드재즈(Acid Jazz) 역시 1980년대에 마일스가 남긴 음악 일부분에 불과하다.

마일스는 말한다. 자신은 박자와 리듬에 몸을 맡기면서 최상의 음악을 만들어내는 것, 그게 바로 자신이 유일하게 나아갈 방향이라고. 1991년 9월 28일. 20세기 재즈음악을 지배했던 마일스는 자신의 음반제목처럼 천국을 향한 첫 발걸음을 내딛는다. 그는 그렇게 신화가 되었다.

23
시작이 반이다
『내 인생 첫 번째 Jazz』
강모림

당신이 재즈 초심자라면 걱정이 앞설지도 모른다. 도대체 어디서부터 재즈음악을 들어야 하나. 시작부터 걱정은 금물이다. 방법은 여러 가지다. 지금부터 하나씩 알아보도록 하자.

가. 검색어를 통해 등장하는 재즈음반 10선을 들어본다.

사실 재즈는 장르별로 음악성향이 천양지차다. 게다가 선정하는 자의 입맛에 따라 추천음반의 종류가 다를 수밖에 없다. 그래도 이 음반만은 '꼭!'이라면 적어도 50~100장 정도의 음반을 추천할 수 있을 것이다. 그 정도 음반을 들었다면 일단 합격점을 주고 싶다. 다음 단계부터는 취향에 맞는 음악가, 장르, 음반별로 감상하면 즐거움이 배가될 것이다.

나. 시대별(또는 장르별)로 골라 들어본다.

음반을 통하지 않고는 새로운 음악을 들을 수 없었던 시절이 불과 10년 전이었다. 이젠 검색어만 치면 무궁무진하게 원하는 음악을 찾아 들을 수 있다. 콘텐츠는 풍부해졌지만 골수음악층은 예전 같지 않은 게 사실이다. 풍요 속의 빈곤이 이유가 아닐까 싶다. 선택지가 많아진 만큼 간절함은 사라졌다. 아쉽지만 이 방법은 리스너의 인내와 노력이 요구되는 항목이다. 물론 그만큼의 결과는 얻겠지만.

다. 유명 음악가 위주로 감상해본다.

나쁘지 않은 방법이다. 중요한 것은 같은 음악가일지라도 다양한 음악적 시도를 한 경우가 존재한다. 예를 들어 허비 행콕의 경우, 모던재즈부터 펑크, 재즈록에 이르기까지 다양한 장르를 섭렵한 인물이다. '가' 항과 연결하여 시도한다면 더욱 깊이 있는 재즈감상이 가능하다.

라. 무한독서를 통해 재즈입문을 시도한다.

독서에도 양에 따라서 급이 있다. 경량급이라면 권하고 싶은 방법이 아니다. 하지만 중량급 이상이라면 적잖은 독서내공이 축적되었을 것이다. 그런 이라면 독서를 통한 재즈입문이 제격이다. 이론이 어느 정도 쌓이면 관심이 가는 연주자별로 검색을 통해서 재즈를 접해보자. 음악이 마음에 든다면 가급적 음반 통째로 감상하는 방법을 권한다.

마. 닥치는 대로 들어본다.

시간에 여유가 있다면 말리고 싶지는 않다. 그렇지 않다면 쏟아붓는 공력에 비해 결과가 그다지 신통치 않을 듯싶다. 가장 학습효과가 적은 측에 속하지만, 자유로운 음악감상의 재미가 쏠쏠한 경우다.

강모림의 『내 인생 첫 번째 재즈』는 2006년 『강모림의 재즈 플래닛』이란 제목으로 출간되었던 재즈입문서다. 책에는 저자의 그림과 에세이가 사이 좋게 등장한다. 초심자들한테도 어필할 만한, 가볍게 읽을 수 있는 내용들이 풍부하다. 필자는 이 책을 지금은 사라진 신촌의 한 서점에서 발견했다. 딱딱한 재즈이론서에 슬슬 질릴 즈음이라서 기쁨은 이루 말할 수 없었다. 2014년 출간한 강모림 작가의 『내 인생 첫 번째 클래식』도 함께 추천해본다.

"에디 히긴스의 음악은 유난히 젊다. 신세대 음악처럼 신선함과 발랄함이 그의 음악적 특징이다. 70대 노인의 음악이 신세대의 것처럼 들린다니 조금은 억지스럽겠지만 새로운 인생을 살게 되었기 때문일까. (중략) 그의 음악은 세련되고 유유자적하다. 찰리 파커가 들으면 '그것도 재즈라고 연주하는 건가?'라고 비웃을지도 모르지만 결정적인 매력, 현대적인 어떤 것이 그의 음악에는 담겨 있다." (107p)

『내 인생 첫 번째 재즈』는 크게 세 가지 파트로 구분되어 있다. 첫 번째는 유명 재즈음악가에 대한 설명이다. 루이 암스트롱, 듀크 엘링턴, 레스터 영, 빌리 홀리데이, 엘라 피츠제럴드, 아트 테이텀, 찰리 파커, 존 콜트레인, 냇 킹 콜, 데이브 브루벡, 마일스 데이비스, 게리 멀리건, 빌 에반스, 쳇 베이커, 아트 블래키, 모던 재즈 콰르텟, 웨스 몽고메리, 스탄 게츠, 허비 행콕, 그로버 워싱턴 주니어, 키스 재럿, 팻 메스니, 윈턴 마살리스, 미셸 페트루치아니가 그들이다.

저자는 한 페이지 가득 재즈음악가의 인물화를 컬러판으로 추가한다. 욕심 같아선 여분의 책을 구입해서 이를 액자에 보관하고 싶을 정도로 멋진 그림들이다. 특히 엉덩이를 들어 올린 채 피아노 연주에 몰두하는 키스 재럿의 모습에 폭소가 터져 나온다. 비너스 레이블의 슈퍼스타 에디 히긴스의 순서를 마지막으로 정한 이유는 그의 단출한 지명도 때문이 아닌가 싶다. 재즈 초심자에게 에디 히긴스의 음악은 부담 없는 첫인상을 남길 수도 있다. 사야 할 에디 히긴스의 음반이 너무 많다고? 걱정할 필요 없다. 비너스에서 나온 음반 아무거나 비슷한 분위기를 내고 있으니까.

"주인공 블릭은 언제나 냉정할 만큼 확신에 차 있고, 자신감이 넘치기 때문에 이기적이다. 그러나 재즈는 트럼펫 하나만으로 완성되지 않는다. 재즈는 결코 혼자만의 음악이 아니다. (중략) 영화는 안하무인이었던 천재 트럼페터가 좌절을 통해 인생의 진실을 깨닫는 과정을 그렸다. 이 영화는 작품 자체가 감동적인 재즈연주와도 같다." (127p)

책 두 번째 단락은 재즈음악이 나오는 영화음악편이다. 저자는 18편에 달하는 영화를 고른다. 이 중에서 섹서퍼니스트 덱스터 고든이 등장하는 〈라운드 미드나잇〉과 함께 최종 결승전에 오른 영화가 위에 등장하는 〈모베터 블루스〉(Mo′ Better Blues)다. 밴드의 리더이자 트럼페터인 블릭은 배우 덴절 워싱턴이, 라이벌 연주자로는 웨슬리 스나입스가 등장한다. 감독은 인디 시네아티스트로 알려진 스파이크 리이다. 마치 마일스 데이비스의 일대기를 패러디한 듯한 영화 〈모베터 블루스〉는 모던재즈의 모든 것을 보여주는 흥미진진한 영화다. 게다가 덴절 워싱턴은 영화 〈필라델피아)와 함께 최고의 연기를 보여준다. 더 이상 무엇이 필요한가.

"재즈의 역사는 인종차별의 역사라고 해도 전혀 틀린 말은 아닐 것이다. 그럼
에도 불구하고 재즈에 대한 사랑은 커져만 갔다. 흑인이고 백인이고 할 것 없
이 재즈를 사랑했다. 그것은 웅장한 사운드를 만들어내는 빅밴드가 미국인의
거대함을 숭배하는 정신과도 잘 들어맞았기 때문이다. 약 10년에 걸친 경제
대공황 시대에 스윙재즈는 더욱 발전했다. 그러나 그것은 듀크 엘링턴을 위시
한 지극히 소수의 경우일 뿐 대부분 재즈 뮤지션들의 삶은 궁핍하다 못해 비
참할 정도였다." (161p)

마지막에서는 시대별로 등장한 재즈음악 장르가 소개된다. 초심자라
고 해서 반드시 초기 재즈부터 들을 필요는 없다. 첫 느낌만큼 중요한 경
험이 또 있을까. 광고음악이든 뭐든 상관없다. 어디에서인가 들었던 재즈
음악이 떠오른다면, 그것이 참지 못할 정도로 좋다면, 관련 음악부터 찾아
들어보자. 어떤 일이든 좋아서 시작해야 마무리도 좋은 법이다. 재즈 또한
다르지 않다. 듣고 듣고 또 듣다 보면 어느새 재즈명인이 되어 있는 자신
을 발견할 것이다. 멋지지 않은가. 재즈처럼 고지식하지 않고 유연한 인생
을 살아본다는 것. 그대, 오아시스로 가는 지름길을 걷고 싶은가? 그렇다
면 재즈를 듣자.

24
재즈피아노의 음유시인
『빌 에반스』
피터 패팅거

보스턴 어학연수시절이었다. 같은 기숙사에 빌 에반스에 중독된 일본인 친구가 있었다. 그는 오로지 빌 에반스의 음악을 듣기 위해서 태어난 존재 같았다. 그는 빌 에반스가 참여한 작품 20여 장을 넣은 시디케이스를 손에 쥐고 음악감상에 몰두했다. 마치 보스턴에서 빌 에반스의 음악을 즐기는 게 미국행의 지상과제처럼 보일 정도였다. 수업을 마치면 에마뉘엘 칼리지 언덕에 앉아 저녁노을을 등지고 헤드폰으로 음악을 듣던 친구의 모습은 빌 에반스의 명징한 건반음처럼 고적했다. 지금도 미국이나 일본 어딘가에서 빌 에반스의 연주를 듣고 있을까?

필자 또한 일본인 친구 못지않게 빌 에반스의 음악을 사랑한다. 특히 1960년대 말까지 발표한 빌 에반스 트리오 시절 음반들을 대부분 소장하고 있다. 개인적으로 스콧 라파로(베이스)와 폴 모션(드럼)과 함께 활동했던 초기 트리오 시절 그리고 마일스 데이비스 사단과 함께 활동했던 때가 그의 황금기라고 생각한다.

사실 빌 에반스의 연주는 여느 흑인음악가의 연주에서 풍기는 펑키한 분위기나 그루브가 제거되어 있다. 마치 재즈음악에 클래식 실내악의 한 구석을 끌어다 놓았다는 느낌이 들 정도로 정갈하고 사색적인 분위기가 짙다. 그는 흑인들이 주류이던 재즈음악계에 자신만의 영역을 창조해낸 것이었다. 재즈음악을 즐기던 상류백인계급에 대해 배타적이었던 마일스 데이비스도 빌 에반스의 연주에 대해서는 경탄을 금치 못했다.

재즈 트럼펫의 역사에 마일스 데이비스가 있다면 피아노에는 빌 에반스라는 고산준령이 존재한다. 흑인음악의 결정체라 할 수 있는 재즈음악계의 홍일점 백인 피아니스트. 재즈피아노의 쇼팽, 음유시인, 인상주의자. 재즈음악에 미친 헤로인 중독자. 이젠 빌 에반스라는 이름 자체가 재즈를 상징하는 아이콘이 되었다. 실제로 홍대에 있는 〈에반스 : Evans〉에서는 월요일을 제외하고 매일 재즈연주자의 콘서트가 열린다. 젊은이들은 빌 에반스의 예술혼을 이어받아 새로운 재즈의 역사를 이어간다. 그렇게 빌 에반스는 전설이 되었다.

"에반스는 다양한 재능을 지니고 있었다. 그는 글과 그림에도 능했고, 예를 들어 음악이론에 대한 그의 이해는 과학 분야에까지 이르렀다. 스포츠에도 능숙함과 열정을 두루 갖춰 미식축구의 교내 토너먼트 대회에서 우승팀의 쿼터백을 맡기도 했다." (46p)

윌리엄 존 에반스(빌 에반스의 본명)는 차남으로 뉴저지 주 플레인필드에서 1929년 태어난다. 피아노와 오르간으로 학사학위를 받았던 아버지의 영향이었을까. 빌 에반스는 7세 즈음부터 피아노, 작곡, 바이올린을 배우기 시작한다. 당시부터 클래식을 음악적 원류로 삼은 셈이었다. 빌 에반스는 열두 살 무렵, 교내 재즈밴드의 피아니스트가 홍역으로 비운 자리에 대체연주자로 참여한다. 클래식 연주자에서 재즈 피아니스트로 변신하는 순간이었다.

"인종적으로 소수였다는 이유만으로도 빌 에반스는 밴드 안에서 그리 편하지 못했다. 기존 멤버들의 인종적인 희롱은 참기 힘든 것이었다. 마일스 데이비스는 빌 에반스를 아꼈지만 그럼에도 냉정했으며, 존 콜트레인은 빌 에반스의 존재를 결코 인정하려 들지 않았다." (117p)

'옥시덴탈리즘'이란 용어가 있다. 이는 서양에 의해 날조된 동양의 이미지를 말하는 '오리엔탈리즘'의 반대어이다. 다시 말하면 동양에 의해 날조된 서양의 부정적인 이미지를 의미한다. 백인이었던 빌 에반스가 마일스 데이비스가 이끄는 밴드에서 역차별을 당했던 미국판 옥시덴탈리즘적 상황이 발생한다. 당시 흑인연주자들의 주 무대였던 뉴욕 재즈신에서는 이들에게 부당한 대우를 일삼은 악덕 백인 매니저들이 들끓었다. 이런 차별의 악순환은 빌 에반스에게도 적지 않은 정신적 피해를 입힌다.

흑인밴드에서 빌 에반스는 확실히 어울리지 않는 인물이었다. 빌 에반스처럼 유능한 백인연주자를 기용하는데 한 치의 머뭇거림이 없던 마일스 데이비스에게도 한계가 있었다. 빌 에반스는 결국 상처를 이겨내지 못하고 아버지의 병간호를 이유로 1958년 당시 최고의 재즈밴드를 이끌던 마일스 데이비스의 영향권에서 사라진다. 하지만 빌 에반스와 마일스 데이비스와의 이별의 시간은 길지 않았다. 1959년 빌 에반스는 마일스 데이비스의 요청으로 명반 〈Kind Of Blue〉에 참여한다. 빌 에반스는 마일스 데이비스와 함께 작업을 하면 일종의 확신감이 생겨났으며, 마일스 데이비스가 시도한 음악이 무엇이든 많은 연주자와 청중들에게 새로운 재즈의 출발점이 되었다고 토로한다.

> "빌 에반스는 스타일의 개성이란 그가 재즈연주자가 되겠다고 결심한 이래로 해왔던 것처럼, 기초적인 원칙들을 응용하는 것을 통해서만 가능하다고 믿었다. 악곡의 본질을 엄격하게 연주하면서 그것을 표현하는 과정을 통해서만 스타일의 독특함이 이뤄졌던 것이다." (189p)

빌 에반스에게 1959년은 음악적으로 잊을 수 없는 해였다. 마일스 데이비스와의 작업 다음으로 가장 큰 영예를 안겨준 앨범 〈Portrait In Jazz〉를 그해 12월 〈리버사이드 레코드〉를 통해 발표한 것이었다. 당시 빌 에반스는 재즈잡지 「다운비트」를 통해서 2년 연속으로 피아노 부분에서 수상하는 쾌거를 이룬다. 독자 인기투표에서는 1958년 20위에서 이듬해 6위로 급상승한다. 당시 에반스보다 앞선 인물은 앙드레 프레빈, 에롤 가너, 데이브 브루벡, 셀로니어스 몽크 그리고 오스카 피터슨이 전부였다. 바야흐로 빌 에반스는 연주자 중의 연주자로서 빠른 속도로 재즈팬의 주목을 받는다.

빌 에반스는 1980년 세상을 떠날 때까지 무려 160여 장에 달하는 음반의 리더이자 연주자로 활약한다. 그의 피아노 연주는 허비 행콕처럼 펑키하지도, 칙 코리아처럼 실험적이지도, 오스카 피터슨처럼 박력 넘치는 터치도, 듀크 엘링턴의 스윙감도, 리처드 티처럼 경쾌하지도, 키스 재럿처럼 뜨겁지도 않다. 마치 쇼팽과 바흐의 음악적 특성을 섞어놓은 것처럼, 요란하지도 번잡스럽지도 않은 분위기를 유지한다.

자신의 인터뷰에서 밝혔듯이 늘 보편적 감성을 잃지 않기 위한 음악, 전문가보다는 일반인의 감각에 다가설 수 있는 소리를 만들기 위해 존재했던 인물이 빌 에반스다. 자신의 재능 없음을 인정할 줄 알며, 그 재능 없음을 장점으로 흡수하고자 했던 인물. 그의 음악에서 느껴지는 정중동은 또 다른 재즈의 역사를 창조했던 천재의 자아이자 우주였다.

25
사운드의 미학
『ECM Travels 새로운 음악을 만나다』
류진현

고등학교 시절, 음악 좀 들었다 하는 친구들에게 ECM은 천국 바로 위 칸에 존재하는 세상이었다. ECM의 음악은 사이키델릭도, 클래식도, 재즈도, 아트록도, 포크음악도 해낼 수 없는 소리를 가진 집단이었다. 누군가 '1980년대부터는 들을 만한 음악이 없어.'라고 한탄할 때 녀석들은 부지런히 ECM의 음반을 사들였다.

　당시 광화문 중고음반점에서 판매하던 ECM 원반 LP의 가격은 15,000원. 자장면 값의 15배에 이르는 무시무시한 가격이었다. 고등학생 용돈으로는 꿈도 꿀 수 없는 ECM 음반을 아무렇지 않게 수집하는 녀석들(그래 봐야 전교를 통틀어 세 명이었지만)이 부러웠고, 쉴 새 없이 쏟아져 나오는 ECM 신보들이 위대해 보였고, 그 위대함에 미치지 못하는 자신의 위대하지 않음에 절망했다.

이제 ECM, 그중에서도 1980년대에 발매된 ECM의 음반들은 재즈음악계의 전설로 남았다. 여전히 ECM은 새로운 음악을 발굴하고 제작한다. 그렇게 ECM은 진화를 거듭하는 중이다. ECM의 음악은 영화 〈터미네이터〉 2편에 등장하는 변신경찰처럼 예측할 수 없는 음악을 선사한다. 어디 그뿐인가. 세계적인 클래식 피아니스트 언드라시 시프는 베토벤 피아노 소나타 전집을 ECM을 통해서 발매했고, ECM 사장에 의해 발탁된 클래식 작곡가 아르보 페르트는 자신의 음악을 차례대로 선보인다. 이게 바로 1948년부터 시작된 'ECM 뉴 시리즈'의 결과물이었다. 이처럼 ECM의 음악은 재즈에서 클래식, 민속음악, 전위음악에 이르기까지 다양한 장르를 녹이고 조합하여 새로운 소리를 만들어낸다.

ECM의 음반들을 찬찬히 살펴보자. 인상주의적 감흥이 넘치는 사진과 깔끔한 디자인이 등장한다. 마치 한 폭의 추상화를 재현한 듯한 절대미가 음반표지에 녹아 있다. 주로 단색으로 배치한 블루노트의 음반이 흑인재즈음악을 상징한다면 ECM은 유럽의 고요하고 신비로운 마을이 연상될 정도로 음악적 호기심을 불러일으키는 표지를 내놓는다. 그들은 들리는 음악에서 들으면서 보는 음악으로의 변신을 꿈꾼다. 미지의 영역으로만 남기고 싶었던 ECM이 책으로 모습을 드러냈다. 제목 하여 『ECM Travels』. 생각지도 못했던 ECM 사운드를 책으로 만나게 된 것이다.

"그렇지만 역시 ECM은 그리 만만한 상대가 아니다. ECM은 재즈라는 음악 장르로 시작하였지만, 이제는 우리시대 예술의 초상으로서 상징적인 존재가 되었다. ECM을 통해 1,500여 장의 앨범이 발표되었고 수많은 뮤지션들이 소개되었는데, 그중 음악의 역사를 바꾼 명반과 천재적인 뮤지션의 수는 손으로 헤아리기 어렵다. 그

뒤에는 ECM 설립자이자 예술감독인 프로듀서 만프레드 아이허가 있다." (10p)

결론부터 말하자면 당시 난 15,000원(요즘 돈으로 5만 원이 넘는)에 달하는 ECM의 원반을 사지 못했다. 음반을 소장한 친구들에게 테이프 녹음을 구걸했고, 500원짜리 빽판에도 감사한 마음으로 ECM 음악을 감상했으며, 1980년대 후반에서야 슬금슬금 2,000원대 라이선스로 모습을 보이기 시작한 ECM LP를 사들였다. 남영동 〈라라음악사〉와 대학로 〈바로크음악사〉 유리창에 따끈따끈한 ECM 신보가 보이는 날은 하루 종일 엔돌핀이 뿜어져 나왔다. 그렇게 팻 메스니, 키스 재럿, 랄프 타우너, 존 애버크롬비, 오레곤, 얀 가바렉, 칼라 브레이, 칙 코리아, 게리 버튼을 알게 되었다.

"겨울에 독일을 여행한 사람이라면 1월의 독일이 그렇게 좋은 환경이 아니라는 사실을 알 수 있을 것이다. 추운 기운도 그렇고 특유의 습한 공기가 더욱 스산하게 만든다. 이 녹음이 이루어진 당시의 쾰른도 아마 그렇게 쾌적하지는 않았으리라. (중략) 키스 재럿은 최악의 상태로 무대에 오를 수밖에 없었다. 이러한 어려움 속에서 탄생했기에 이 명작은 오히려 더욱 아름다워질 수 있었고, 치유의 힘을 가지게 된 것일지도 모른다." (38p)

1980년대 말 당시 대학로에 가면 무조건 들르는 곳이 있었다. 이름하여 〈바로크 레코드〉. 기껏해야 한 달에 두어 장의 라이선스 레코드를 사는 게 고작이었던 음악광 학생이 기특해서였을까. 임원빈 사장은 내가 가게에 나타나면 잊지 않고 재즈신보를 보여 주었다. 마치 자신이 연주한 음반신보가 나온 것처럼 좋아하는 예술가의 미소였다. 그는 재즈와 클래식

만이 최고의 음악이라고 믿는 양반이었다. 그곳에서 구입한 음반이 바로 키스 재럿의 최고작이라 불리는 〈쾰른 콘서트〉였다.

책에 소개한 대로 당시 키스 재럿의 컨디션은 최악이었다. 그는 스위스 취리히에서의 공연을 마치고, 당일 차편으로 공연장에 도착하는 바람에 며칠 동안 제대로 잠을 이룰 수 없었다. 그 정도가 아니었다. 장시간 차를 타서 허리가 좋지 않은 데다 마지막으로 저녁을 먹기 위해 찾았던 레스토랑의 음식 역시 문제였다. 이 정도로 상황은 그치지 않는다. 공연장 스태프의 착오로 원래 요청했던 피아노 대신 음질이 떨어지는 피아노가 자리를 차지하고 있었다. 심지어 이 피아노는 고음과 저음이 제대로 조정되지 않았고, 페달 역시 잘 작동하지 않았다. 이러한 어려움도 명반의 탄생을 막지 못했다. 그렇게 1975년 1월, 쾰른의 기적이 만들어진다. 이제 〈쾰른 콘서트〉는 키스 재럿을 말할 때 빠지지 않고 등장하는 ECM의 명반이 되었다.

"북유럽 재즈 특유의 차분하면서도 독특한 기타연주와 타악기 연주로 시작하여, 아익의 트럼펫이 가세한다. 초겨울 맑은 공기를 품은 듯한 트럼펫 음색은 그 자체만으로도 매력적이지만, 여러 악기와의 조화를 통해 긴장감을 고조시키니 더욱 인상적인 느낌을 전한다. 어찌 보면 북유럽 재즈의 전형을 따르는 곡이라고 생각했지만, 이 곡은 후반부에 이르러 폭발적인 사운드를 담아낸다. 그리고 트럼펫의 울림이 하나가 되어 끝없이 질주하는 것은 이들이 이제 문밖으로 나와 완전히 날아오르고 있음을 의미하는 것 같다." (272p)

키스 재럿이 초기 ECM의 간판주자라면, 소개하는 마티아스 아익은 21세기 ECM의 미래를 상징하는 인물이다. 그는 노르웨이에서 활동하는 트럼펫 연주자이고, 재즈와 프로그레시브 록 등을 넘나드는 독창적인 음악을 만드는 밴드에서 활동 중이다. 그는 한국과도 인연이 많은 연주자이다. 마티아스 아익은 재즈싱어 나윤선과 함께 듀오로 활동하면서 2009년 한국에서 성공적인 공연을 치른다. 그는 트럼펫, 피아노, 비브라폰, 베이스 등 다양한 악기를 다루는 다중악기주자다. 이후 마티아스 아익은 자라섬 재즈 페스티벌에 참여하여 한국과의 인연을 이어간다.

1969년에서 2016년까지. 최고의 소리를 향한 ECM의 도전은 멈추지 않는다. 독일 뮌헨에 있는 레이블 ECM은 재즈나 록, 클래식이라는 장르적 제한을 인정하지 않는다. 오히려 'ECM'이라는 명칭 자체가 일종의 음악적 장르가 되어 이를 들어본 이들만이 이해할 수 있는 문화적 상징이 되었다. 인사동에서 열린 ECM 전시회는 예상대로 감동의 극치를 보여준다. 전시회에 마련된 어두운 청음실에서 흘러나오던 키스 재럿의 독주. 나는 그곳에서 '침묵 다음으로 아름다운 소리'를 만났다.

26
교양으로 읽는 재즈
『김현준의 재즈파일』
김현준

생각해보니 재즈역사에 대해서 일목요연하게 정리한 책이 빠져 있더라. 제목은 거창하게 '교양' 어쩌고 했지만, 자신이 좋아하는 음악을 즐기면 그만이라는 신념은 지금도 변함이 없다. 그럼에도 읽는 만큼 더 풍족하게 들리는 게 음악이다. 그 많고 많은 재즈의 장르를 섭렵한 후 재즈사를 복습해도 상관은 없다. 하지만 음악감상에도 지름길이라는 게 있다. 안 그래도 바쁜 세상, 방법이 보인다면 굳이 돌아갈 필요까지 없지 않은가.

어떤 책을 골라볼까. 고민 끝에『김현준의 재즈파일』을 선택했다. 딱딱한 재즈사를 중간중간 저자의 목소리를 버무려서 맛깔스럽게 완성한 책이다. 게다가 20년 가까이 스테디셀러로 판매되고 있다는 사실이 선정의 이유였다.

말하자면 '김치와 함께 즐기는 재즈역사'라고나 할까. 목차 또한 알찬 기획력이 돋보인다. 아프로-아메리칸 음악, 뉴올리언스 재즈, 스윙, 재즈 보컬, 비밥, 리듬 앤드 블루스, 쿨, 프리, 퓨전재즈까지 시대순으로 페이지를 채우고 있다. 후반부에는 저자가 추천하는 재즈음반의 디스코그래피가 알파벳순으로 등장한다. 개인적으로 대여섯 권의 재즈사 서적을 접해 보았지만, 해석이나 부가설명에 있어 가장 흡입력이 강했던 책이 『김현준의 재즈파일』이다.

20세기까지 재즈는 미국의 음악이었다. 재즈는 미국 지역에 따라서 다른 음악성향을 보였다. 예를 들어 웨스트 코스트 재즈는 온난한 기후를 자랑하는 서해안의 풍경처럼 호방하고 거침이 없다. 반면 뉴욕에서 잉태한 블루노트 레이블류의 음악은 무겁고 진지한 분위기가 흐른다. 이외에도 시카고, 캔자스 시티, 뉴올리언스에서는 다른 색깔의 재즈음악을 잉태한다.

21세기에 들어 미국발 재즈음악은 유럽으로 무게 중심을 옮긴다. 미국에서 활동하던 흑인연주자의 대우는 그야말로 비참하기 이를 데 없었다. 재주는 흑인이 넘고 돈은 백인이 챙기는, 엉터리 노예계약의 연속이었다. 이런 흑인연주자들에게 프랑스와 일본은 그야말로 신천지였다.

마일스 데이비스, 덱스터 고든 등 수많은 음악가가 자신들을 인정해주는 나라로 달려갔다. 유럽재즈에는 클래식의 향기가 흐른다. 사색적이고 표현주의적인 재즈, 여백미가 흐르는 재즈가 본격적으로 등장하기 시작한다.

"비판적으로 보자면, 재즈가 1930년대 스윙 시대에 그러했던 것처럼 일부 백인들의 상업적이고 귀족적인 농간에 의해 '팔리면서' 유지되고 있는 것 같은 느낌을 전혀 배제할 수 없는 건 사실이다." (101p)

『김현준의 재즈파일』은 고증에만 치우친 외국저자들의 재즈사와는 달리, 저자의 사견과 경험담이 어우러져 있다. 아마도 미국에서 재즈사와 분석, 음악이론을 공부했던 부분이 결정적으로 작용했지 않았나 싶다. 집에 돈푼이라도 있으면 미국식 경영학을 배우겠다고 도미하던 1980년대 젊은이들을 생각하면(지금도 크게 달라진 게 없지만) 탁월하고 멋진 선택이 아닌가 싶다. 물론 여기에서 경제적 보상은 무시하기로 하고.

"서부출신 음악인들이 비밥에 집중하고 있던 뉴욕의 흑인 음악들에 대한 대립 구도로서 쿨을 이끌기 시작했다는 논리는 점검해 볼 가치가 있다. 이것은 흑백 문제와 마찬가지로 비밥과 쿨을 대립적인 것으로 파악하는 태도이다." (234p)

저자는 비밥이 흑인들의 음악인데 반해, 쿨은 백인들의 음악이었다고 해도 과언이 아니라고 말한다. 또한, 빠르고 격한 템포의 비밥의 정서에 반하는 의도로 쿨이 등장했다는 이론을 저자는 근거 없음을 이유로 부정한다. 첫 번째는 그렇다 치고 두 번째 저자의 의견에 물음표를 던지지 않을 수 없다.

음악사에서 말하는 근거란 음악 자체가 되어야만 한다. 결국, 음반의 탄생이나 공연을 통하지 않고는 새로운 음악장르가 탄생하기란 불가능하다. 이는 1949년에 제작한 마일스 데이비스의 음반 〈The Birth Of The Cool〉을 통해서 입증되었다. 사실 마일스는 프레이즈가 짧은 태생적 한계로 비밥연주에는 어울리지 않는 인물이었다. 도마뱀이 위기에 몰리면 서슴없이 꼬리를 자르듯이, 마일스의 신체적 한계가 새로운 장르를 창출해 낸 연유였다고 생각한다. 결국, 1940년대 후반 본격적으로 모습을 드러낸 비밥이 존재하지 않았다면 쿨은 또 다른 모습으로 정의되었을 것이다.

"한국의 재즈는 크게 세 가지 흐름으로 나뉘어 있는 듯하다. 미8군에서의 오랜 활동을 통해 비록 음지에서나마 그동안 국내의 재즈를 주도했고, 그 외의 몇몇 소수 연주자들이 합류하면서 형성된 이른바 정통파 재즈연주자들이 그 첫 번째이며, 외국에서 활동을 했거나 1980년대 후반 이후 유학생활을 통해 본국의 재즈를 익히고 돌아와 국내에서 다양한 활동을 펼치고 있는 해외파들이 두 번째이다."(284~284p)

김현준의 스펙트럼은 분량은 적지만 국내재즈에까지 미친다. 세 가지 흐름 중 나머지 하나는 무엇일까. 답을 알고 있다면 그대는 재즈광임을 선포해도 무방하다. 세 번째는 이미 국내에서의 오랜 연주생활이나 나름 대로의 독학을 통해 거의 체득적으로 재즈에 대한 감흥과 기술을 익힌 이들을 말한다. 홍대의 에반스(Evans), 재즈다(Jazzda) 등에서 활약하는 이들의 상당수가 세 번째 부류에 속한다. 이제는 미국 버클리음대 등의 유학파가 아니더라도 자생적인 연주자를 배출할 수 있는 상황이다. 문제는 이들을 지원할 만한 재즈팬과 경제적 보상이다. 능력자는 차고 넘치는데 이들을 담을 만한 공간과 지원이 부족하다는 말이다.

"재즈는 1960년대를 끝으로 모던재즈의 시대를 마무리하고 곧이어 현대 재즈의 길로 접어든다. 그 현대 재즈의 중심부로 퓨전이 성큼성큼 발길을 내딛으며 기존의 밥 계열은 반성의 시간을 갖게 되고 프리 재즈는 거듭되는 음악적 발전을 통해 여러 모습으로 분파, 세계 각지로 퍼져 나간다. 블루스 형식의 정착에서 시작했던 우리의 논의가, 어느새 90여 년의 세월을 훌쩍 뛰어넘어 버렸다."(309p)

록음악이 그랬듯이, 재즈 역시 1970년대를 끝으로 부분 사망신고를 알린다. 물론 이후에도 얼터너티브 록과 유럽재즈 등으로 발전과 변신을 거듭하는 과정을 부정하는 것은 아니다. 하지만 평균수명이 20여 년이라는 대기업의 흥망성쇠처럼, 음악에도 전성기라는 게 존재한다.

저자는 태어난 지 10여 년에 불과한 록음악을 흡수해야만 했던 1970년대 재즈에 아쉬움을 전한다. 재즈학 전공자의 입장에서라면 충분히 가능할 법한 의견이다. 하지만 1960년대 중후반부터 미국의 음악계는 재즈에서 록음악으로 무대를 교체하고 있었다.

저자는 재즈역사의 흐름 속에서 전통주의가 낳은 또 하나의 사생아로 퓨전을 주목한다. 또한, 전통주의를 고수하는 대중들은 퓨전에 대해 열린 태도를 보임으로써 균형 있고 통시적인 시작을 갖출 필요가 있다고 말한다. 이를테면 1960년대 이후의 재즈는 음악이 아니라고 부정하는 음악적 사대주의다. 그는 재즈란 미학적 논의가 가능한 하나의 예술이며, 현대 인류가 창조해낸 문화 중에서도 집중적으로 조명받아야 할 흐름 중의 하나라는 말과 함께 글을 마친다.

나는 클래식음악을 띄엄띄엄 들었다. 대학시절에도 클래식음악은 친해질 만하면 사라지는 투명인간 같은 존재였다. 신기한 일은 나이를 먹을수록 클래식음악이 좋아진다는 사실이다. 그렇다고 다른 장르의 음악이 별로라는 말은 아니다. 모르긴 해도 클래식음악만큼은 꼭 읽으면서 들어야 할 필요가 있다. 아는 만큼 듣는 재미가 쏠쏠한 음악이 바로 클래식이다. 주의할 점 하나. 절대 클래식음악을 즐겨 듣는다고 목에 힘주지는 말 것. 세상에는 다른 음악이 존재할 뿐 나쁜 음악은 별로 없으니까.

제4장

클래식을 읽다

27
오래된 음반은 아름답다
『이 한 장의 명반, 클래식』
안동림

어떤 영문학자가 어마어마한 클래식 음반서적을 펴냈다. 때는 1988년. 지금과 달리 국내에 이렇다 할 클래식 음반서적이 없던 시절이었다. 게다가 변함없이 CD보다는 LP에 대한 선호가 높았던 음반의 전성시대였다. 음반수집가들은 환호와 절망을 동시에 쏟아냈다. 한국 출판시장에 명함을 내밀 만한 큼지막한 클래식 전문서가 탄생한 것이었다. 그게 환호의 이유였다면 절망의 이유는 책에 등장하는 음반을 구하기가 쉽지 않았다는 거다. 아는 바와 같이 1980년대 후반 음악감상의 주된 매체는 LP였다. 국내에 라이선스로 발매된 클래식음반 레퍼토리를 훌쩍 뛰어넘는 안동림의 디스코그래피는 넓고도 깊었다.

『이 한 장의 명반, 클래식』은 소문으로만 듣던 전설의 클래식 명반들을, 그것도 LP 음반 사진 그대로 등장하는 책이다. 페이지마다 등장하는 명반들은 깨끗한 디지털 음질에 익숙한 젊은 세대에게 익숙하지 않은 음반들이 상당수다. 음반의 녹음연도는 1920년도에서부터 1980년도까지 반세기가 넘는 클래식 LP의 역사를 넘나든다. 가히 천의무봉(天衣無縫)에 근접할 만한 전설적인 클래식 LP들이 속속 등장한다.

필자가 소장한 책은 1997년 11월에 나온 개정증보판 4쇄다. 무려 1,500페이지에 달하는 분량이다. 이 책의 앞부분 '일러두기'에는 출판에 도움을 준, 지금은 대부분 사라진 클래식음반 레이블과 명동의 음반점 〈부루의 뜨락〉이 나온다. 이곳에서 일했던 김세환 씨에 대한 언급이 흥미롭다. 필자 역시 학생시절, 돈만 생기면 〈부루의 뜨락〉으로 달려가 그가 추천하는 수입 LP들을 부지런히 뒤적거렸던 기억이 새롭다. 김세환 씨의 특징은 음반을 파는 행위보다 음반을 설명하는데 의미를 두는, 넓은 음악적 시야를 가진 인물이었다. 뒤늦게 지면상으로 감사의 마음을 전한다.

음반에 따라서 개별 CD 구매가 어려운 목록도 여럿, 눈에 띈다. 『이한 장의 명반, 클래식』이 유명해지면서 관련 CD 전집이 나왔지만 아쉽게도 절판된 상태다. 물론 음원으로는 무리 없이 찾아 들을 수 있음을 참고로 언급한다.

"시게티가 바흐의 음악 속 깊숙이 육박하여 구조적으로 힘차게 표현해 나가는 치열한 정신력에는 압도된다. 이 성실한 태도, 진지한 감정의 접근은 그대로 바흐 음악의 본질과 하나가 되어 혼연일체의 융합을 이룬다." (83p)

첫 번째로 바흐의 음반을 선정해 보았다. 저자는 바흐의 〈무반주 바이올린 소나타와 파르티타〉 음반의 명연자로 1959~1960년 사이 녹음된 조지프 시게티(Joseph Szigeti)의 음반을 추천한다. 앗, 헨리크 셰링(Henryk Szeryng)이 아니고 시게티라고 의문을 던지는 이를 위해서 후반부에 그의 두 가지 녹음(1952, 1967)에 대한 소개를 잊지 않고 있다. 시게티의 바이올린 연주는 요즘 연주자들과 달리 기교와 잔재주의 흔적을 찾아볼 수 없다. 그는 성실하고 정직하게 바흐가 추구했던 엄숙한 감동의 경지에 다다르기 위해 느린 걸음을 내딛는다. 추가로 297페이지에 재등장하는 시게티의 베토벤 바이올린 협주곡 또한 감상의 기회를 놓치지 말기를 바란다.

"크라우스의 피아노는 여성다운 매력과 향기를 물씬 풍기고 있다. 템포가 빠르고 리듬이 활달하다. 그러면서도 다이내믹스는 남성 피아니스트 못지않게 박력으로 넘친다. 그 유려한 음의 흐름 속에는 깊은 사색과 공감에서 비롯되는 감동적인 호소력이 있다." (241p)

개인적으로 이런저런 우환이 많던 시절이 있었다. 당시의 어려움을 극복하게 해준 치료제가 바로 소개하는 모차르트 피아노 전집이다. 당시 회사에서 야근할 때면 나지막이 릴리 크라우스가 연주하는 CD를 컴퓨터로 들을 수 있었다. 나중에는 언드라시 시프, 마리아 주앙 피레스, 크리스토프 에셴바흐, 프리드리히 굴다, 빌헬름 켐프에 이르기까지 감상의 폭을 넓힐 수 있었다.

말러가 연주자의 내면이 속속들이 드러나는 작곡가라면 모차르트는 반대에 속한다. 연주자는 자신만의 해석에 따라서 다양한 색깔의 모차르트를 재탄생시킨다. 저자는 여성적인 매력은 있지만 연약함은 찾아볼 수 없는 릴리 크라우스의 연주력에 집중한다. 그렇다고 크라우스의 연주가 부드럽지 않다는 말은 아니다. 안동림은 크라우스의 모차르트 연주를 '마치 은 쟁반에 옥을 굴리는 듯한 연주'라 정리한다. 이보다 더 크라우스의 연주를 정확하게 표현할 말이 있을까. 모차르트는 인간의 깊은 슬픔에서 기쁨에 이르기까지를 낱낱이 표현하고 있으며 또 격렬한 감정의 고양 속에 겸허함까지 잊지 않고 있다는 크라우스의 말에서 열정과 자부심을 엿볼 수 있다고 저자는 설명한다.

> "리흐테르와 카라얀이라는 두 거장이 맞부딪쳐 각자의 개성을 유감없이 발휘한 스케일 큰 명연주이다. 리흐테르가 힘차고 풍성한 음으로 느린 템포 속에 중후하며 섬세한 표정을 살리고 있고, 카라얀 또한 그에 대항하여 다채로운 음향의 풍부한 정감을 펼친다. 이러한 벅찬 에너지의 부딪침이 특유의 긴장감을 조성하고 아울러 음악에 커다란 기복을 돋우어 주고 있다." (672p)

클래식 선수라면 벌써 눈치를 챘을 것이다. 소개하는 음악은 차이콥스키의 피아노 협주곡 1번이다. 음반은 1962년 카라얀이 지휘하는 빈 필과 리흐테르의 피아노 연주이고. 클래식 애호가에 따라서 작곡가의 몇 번 협주곡(또는 교향곡)에는 어떤 지휘자와 협연자의 음반이 최고라는 설이 엇갈린다. 예를 들어 필자는 베토벤의 6번 교향곡은 카를 뵘의 느긋한 연주를 따라갈 음반이 없다고 생각한다.『이 한 장의 명반, 클래식』에서는 푸르트뱅글러의 지휘반이 소개되어 있다. 이런 식으로 애호가마다 선호도가 이리저리 엇갈리는 게 클래식 음반감상의 재미다.

그중에서도 비교적 선호도가 적게 엇갈리는 음반이 소개하는 차이콥스키의 피아노 협주곡 1번이다. 흑백사진에 등장하는 카라얀과 리흐테르의 비장미 넘치는 장면 또한 멋진 분위기를 자아낸다. 이는 차이콥스키

음악이라는, 우주의 중심에 단둘이 마주하고 있는 듯한 영적인 느낌마저 자아낸다. 저자는 특히 생동감 넘치는 연주뿐 아니라 러시아적인 쓸쓸한 정서까지 동시에 담아낸 리히테르의 연주력에 경탄을 금치 못한다.

안동림의 역작 『이 한 장의 명반, 클래식』에 소개된 음반들은 소위 3세대 클래식 연주자들의 음반들은 아쉽게도 담고 있지 못하다. 따라서 21세기 전후를 기점으로 활동하는 젊은 연주자들을 선호하는 이들에게는 거리감이 있을 수도 있다. 하지만 모든 음악의 원류가 존재해야만 변화와 발전이 존재한다는 음악진화론에는 이견이 없다. 오래된 음악의 아름다움과 가치를 모르고서 음악의 해석을 논할 수 있을까. 저자의 글자취에 클래식음악의 고고한 역사가 느껴지는 책. 『이 한 장의 명반, 클래식』은 한국 클래식 서적의 쾌거이자 작은 기적이 아닌가 싶다.

28
풍월당의 전설
『내가 사랑하는 클래식 1~3』
박종호

압구정 로데오 거리는 소위 '먹고 마시는' 동네 중 하나다. 부언하자면 서울에서 돈 좀 있다는 아이들의 놀이터라고나 할까. 이 모든 것이 '메이드 인 강남'의 진풍경이다. 사는 장소에 따라서 뼛속까지 다른 인종으로 구분되는, 소위 물질형 인간의 구분기준이 강남이냐 비강남이냐 라는 불편한 진실. 어쨌거나 강남에 발붙이기가 꺼려지는 이유는 이것 말고도 무수히 많다.

우선 인간미라고는 찾아보기 힘든 건축물들이 산재하다는 거다. 강남의 교통체증은 그렇다 치더라도 사람이 건물이 치여 사는 느낌은 언제 봐도 여전하다. 겉으로야 청담동을 횡보하는 이들이 어디 출신인지 알 수 없다. 하지만 한 꺼풀 들여다보면 그들 간에 약속한 일종의 계급의식은 돈으로 인간의 매매하는 노예시대와 크게 다를 바가 없다. 그렇게 강남은 〈예술의 전당〉을 제외하고는 별 볼 일 없는 마을이라는 생각이 필자의 편견이라는 것을 깨닫는데 오랜 시간이 걸리지 않았다. 왜냐하면, 그곳에는

〈풍월당〉이 존재하니까.

1990년대만 해도 국내 음반유통의 일인자는 〈신나라 레코드〉였다. 당연히 압구정역 근처에도 나무바닥이 인상적이었던 〈신나라 레코드〉가 있었다. 나는 그곳에서 주로 재즈와 클래식음반을 구입했다. 특히 클래식 레파토리는 어떤 음반점보다 비교우위에 있었다. 도이체 그라모폰, 데카, EMI로 알려진 클래식 레이블 말고도 무수히 많은 마이너 레이블을 알게 해준 곳이 〈신나라 레코드〉였다.

국내 음반유통의 60%를 독점했던 신나라의 신화는 음반에서 음원으로 감상방식이 변하면서 급속하게 무너졌다. 또한, 세계적으로 CD 판매량이 급속하게 줄어들면서 파격적으로 저렴한 전집류의 클래식 CD 발매가 시작되었다.

한 장에 만원이 훌쩍 넘는 음반을 장당 2천 원~4천 원 정도의 가격으로, 그것도 전집으로 구한다는 것은 클래식광에게는 엄청난 기회였다. 필자 또한 그렇게 모은 클래식전집이 무려 100타이틀이 넘어가니 음원의 시대가 준 마지막 혜택의 수혜자가 아닌가 싶다.

난 음원으로만 클래식을 감상하죠, 라는 이들에게 〈풍월당〉은 20세기의 유물에 불과하다. 하지만 지금도 음반으로 또는 음반과 음원을 번갈아 음악을 듣는 이들이라면 꼭 한 번은 가봐야 할 강남의 문화명소다. 우선 유럽식 인테리어가 돋보이는 음반점이라는 점. 늘 새로운 기획으로 클래식음반을 들려주고 소개한다는 점.

마지막으로 음반점 건물 한쪽에서는 박종호 대표의 멋진 음악강의를 들을 수 있다는 점이 풍월당만의 매력이다. 정신과 의사이자, 오페라 전문

강사이자, 풍월당의 주인이자, 음악평론가인 박종호가 책을 냈다. 이름하여 『내가 사랑하는 클래식』이다. 그것도 3부작으로. 이번에는 박종호의 음악세계로 들어가 보자.

"자신에게 환멸을 느낀 그가 창녀의 집을 나올 때, 그를 맞이하는 것은 새벽의 차가운 바람과 북독일의 황량한 공기였다. 그러면 그는 낡은 코트깃을 세운 채, 집을 향해 비틀거리면서 걸어갔다. 그렇게 새벽달을 보면서 집으로 돌아가는 슈베르트의 머릿속에는 지상의 것으로는 믿어지지 않을 정도로 아름다운 선율이 떠오르곤 했던 것이다." (1권, 176p)

세 권으로 완성한 『내가 사랑하는 클래식』 시리즈는 박종호 개인이 즐겨듣는 클래식음반 위주로 꾸며졌다. 전체적인 편집방향은 동일하며, 책마다 25~30장에 달하는 음반소개가 들어 있다. 책 뒷부분에는 60여 타이틀의 간략한 음반소개가 추가로 나와 있다. 한마디로 평론가나 대중들이 한 목소리로 말하는 음반에서 살짝 비켜난, 저자의 기호가 가미된 개성 있는 음반소개서라 할 수 있다.

소개하는 음반은 슈베르트의 아르페지오네 소나타다. 부산에서 학생시절을 보낸 저자는 주로 서면에 있는 레코드점을 드나들었다. 그곳에서 자신에게 음악을 이야기해주는 뮤즈가 있었고, 그녀가 소개해 준 음반이 바로 이것이었다.

로스트로포비치의 첼로와 벤저민 브리튼의 피아노. 저자는 로스트로포비치의 활시위는 마치 노련한 검객이 한을 품은 비검을 휘두르는 것 같다고 표현한다. 게다가 우울한 분위기를 보여주는 음반 재킷의 주인공은 코로라는 화가였다는 사실. 저자는 훗날 뉴욕의 사설 미술관에서 실제 그림을 만났다고 털어놓는다.

"극장을 가득 채운 사람들은 자신의 잃어버린 혹은 아직은 잃어버리지 않은 꿈을 생각했을 것이다. 우리는 어려서부터 얼마나 많은 꿈을 가지고 있었던가? 그러나 나이가 들면서 우리는 세상을 핑계로 스스로와의 약속들을 하나씩 버리면서 살아왔다. 카플란은 잃어버렸던 우리의 꿈에 희망을 불어넣어 주었다. 인간의 가장 큰 희열은 정말 하고 싶었던 일을 이루는 데 있지 않을까?"
(2권, 147p)

특이한 선정이다. 저자는 차고 넘치는 지휘자 중에서 카플란의 말러 교향곡 2번을 선정했다. 저자는 카플란의 지휘가 번스타인처럼 정열적이지도 못하고 불레즈처럼 은은하지도 않다고 평한다. 그럼에도 카플란을 선택한 이유는 무엇일까. 아마도 클래식 비전공자로서 음악계에 종사하는 박종호 자신을 유추한 부분이 아닐까 싶다. 지금에야 박종호 하면 오페라 전문가로서 커다란 영향력을 행사한다지만 과거에는 카플란처럼 그역시 평범한 클래식애호가였다.

월스트리트에서 활약하던 금융가이자 사업가였던 카플란이 20년간 말러 교향곡 2번 지휘에 몰입한 이유는 하나였다. 음악이 좋다 보니 지휘를 하고 싶다는 열망, 카플란은 개인교습을 통해서 지휘자로 거듭난다. 1983년 뉴욕신문에서는 투자 전문 잡지사의 대표가 말러 콘서트를 연다는 보도가 나간다.

벼락부자의 객기라는 비난 속에서 카플란은 묵묵히 말러 스페셜리트로서의 삶을 이어 나간다. 결국, 1987년 카플란은 런던 심포니와 꿈에 그리던 말러 음반녹음을 완성한다. 이 음반은 모든 말러 교향곡 중에서 가장 많이 판매되는 기록을 세운다. 게다가 〈뉴욕타임스〉의 올해의 음반으로 선정되는 호평을 받는다.

"혼자서 밤늦게 퇴근해서 아무도 없는 집에 들어가 본 적이 있는가? 가족이 아직 돌아오지 않는 경우는 해당되지 않는다. 집에 들어와서 아무도 없는 방으로 들어간다. 굳이 불을 켤 이유가 없으니 불을 켜지 않는다. 피곤하고 다리가 아프니 일단 앉는다. 캄캄한 방바닥에 털썩, 그냥 앉아 본다." (3권, 194p)

음악의 주인공은 루빈스타인이 연주하는 쇼팽의 녹턴이다. 저자는 허허로운 빈방을 채워줄 수 있는 존재가 밥도 커피도 술도 사람도 아닌 쇼팽의 녹턴이라고 소회한다. 그 작은 멜로디는 어둠 속에서 처음으로 작은 불을 밝히는 성냥이며 이때가 녹턴이 가장 빛을 발하는 순간이라고 부언한다. 그렇다. 쇼팽의 음악을 말할 때 폴란드 출신의 루빈스타인을 빼고는 설명이 불가능하다. 루빈슈타인의 녹턴은 아무리 힘들고 슬프고 지칠지라도 삶은 아름다운 것이라는 사실을 증명해주는 예술의 파편이다. 필자는 폴리니의 차가운 절제미도, 마리아 주앙 피레스의 감성도, 루빈스타인의 영롱한 녹턴의 정신을 뛰어넘지 못한다고 생각한다. 그렇게 루빈스타인의 녹턴은 풍월당의 전설이 되었다.

29
클래식이 너희를 자유케 하라
『어떻게 미치지 않을 수 있겠니?』
김갑수

명동 회현지하상가는 고전음악의 보고다. 그곳은 한 장에 만원에서 수십만 원을 호가하는 수만 장의 클래식 LP들이 주인을 기다리는 장소다. 전주에서 음악사업을 하는 후배로부터 김갑수에 대한 전설을 들은 적이 있다. 그가 회현지하상가에 떴다 하면 음반점 주인들이 비상이 걸린다는 소문이었다. 그는 음반구입에 있어서만큼은 통이 큰 사람이라고 했다. 고민에 고민을 거쳐 한두 장의 음반을 구입하는 나 같은 범생이 음반수집가와는 차원이 다르다는 이야기였다.

그렇게 모은 음반들이 수만 장이라고 하니, 음반점 주인에게 김갑수만큼 고마운 존재도 없을 것이다. 그를 처음 알게 된 것은 책『삶이 괴로워서 음악을 듣는다』를 통해서였다. 지금은 절판된 이 책에는 그가 좋아하는 음악들, 즉 클래식, 재즈, 블루스, 록, 월드뮤직에 대한 단상이 빼곡히 나와 있다. 그는 1990년대를 살아가던 자신의 모습을 이렇게 표현한다.

"늦은 저녁, 마포의 작업실을 나서다가 한강 둔치에 홀로 내려가 펑펑 울어 버리곤 하는 섬약한 마음의 또 한켠에는 백주에 총기를 들고 거리에 나가 난사라도 하고 싶은 흉폭한 충동이 잠복해 있는 것이다. 늙은이 같은 조심성과 철없는 아이의 치기가 혼재해 있는 이 자가당착의 정신상태가 바로 나 자신인 것이다." (73p)

사람은 쉽게 변하지 않는다는 말을 믿는 자에게 김갑수는 작은 위안을 안겨준다. 그는 여전히 마포에 아지트를 두고 있다. 문화중독자 김갑수는 지하에 있는 〈줄라이홀〉에서 수만 장의 음반들과 이들을 받혀주는 오디오와 커피향에 둘러싸여 지내는 중이다. 음악중독자라면 말만 들어도 가슴이 설레는 풍경이 아닐까 싶다. 그런 그가 이번에는 클래식음악에 관한 책을 냈다. 이름하여 『어떻게 미치지 않을 수 있겠니?』란다.

"언젠가는 늙는데, 늙으면 낡아지는데, 낡으면 추억에 사로잡힌다던데, 낡은 추억은 자기연민을 일으킨다던데…. 간혹 이 우중충한 과거회귀, 자기연민의 추억이 싫지 않아 빠져든다. 추억을 뭐랄까. 다큐멘터리 장르라기보다 창작물에 가깝다." (15p)

예상대로 김갑수는 과거형 인간임이 분명하다. 그가 사랑하는 것들은 철저하게 세월의 이끼를 품은 존재들이다. 오래된 앰프, 스피커, 턴테이블에서부터 20세기를 수놓았던 음악가들까지. 거기에 문학을 추가하면 김갑수라는 이름 석 자가 의미하는 시뮬라시옹이 완성된다. 과거를 품고 사는 남자, 과거를 분리해 존재할 수 없는 음악중독자가 바로 김갑수이다.

"신념 혹은 의지가 소망하는 방향과 본능적 욕망이 이끄는 방향 사이에서 인간은 비틀비틀하면서 산다. 그것이 정상이다. 양자의 모순을 드러내 놓을 수 있는 사회가 성공한다. 이 모순관계를 합리적인 사회적 합의로 제도화한 것이 북유럽 사회주의로 보인다. 서유럽도 그에 가까운 것으로 볼 수 있다. 신념보다는 욕망과 욕망 간의 갈등을 적나라하게 다 까발려 아수라장 같은 이전투구를 벌여 사회적 에너지를 얻는 국가가 미국이다. 그래서 미국적인 것은 유혹적이면서 참 더럽다." (75p)

김갑수가 바라보는 세상은 자기모순과 이율배반적인 삶의 용광로다. 그는 반미와 사회정의를 부르짖는 시청 광장 시위대가 나이키 운동화를 신고 코카콜라로 목을 축이며 뛴다 해도 이상할 것이 없다고 말한다. 이런 실타래 같은 삶의 요지경을 자연스러운 인간의 삶으로 인정한다. 사랑하는 음악에 대한 소회를 사회적 풍경 속에 녹여내는 김갑수의 글재주는 더딘 걸음으로 진화한다.

〈줄라이홀〉에서는 두 달에 한 번씩 평론가 모임을 연다고 한다. 그들의 모임은 여타 친목모임처럼 음악평론을 주제로 삼지만, 술과 잡담이 주가 된다. 이에 개탄한 김갑수. 쇼스타코비치의 5번 교향곡을 틀어 놓는다. 예상대로 10분을 못 견디고 잡담모드에 빠져드는 사람들. 어쩔 수 없이 그룹 '아바'의 〈댄싱 퀸〉을 틀어주자 모임은 환호의 도가니로 변신한다. 김갑수는 다시 개탄한다. 무겁고 진지한 것은 억압으로 다가온다고. 이제는 최대한 가볍고 경쾌해야 살아남는다고. 사람들이 만들어 놓은 세상의 중압감이 그들에게 깃털처럼 가벼워지라고 요구한다고. 그는 침중한 영혼의 19세기는 이제 철 지난 유행, 엔티크 숍의 진열대로 전락해버렸다고 안타까워한다. 어쩔 수 없는 삶의 변화 속에서 김갑수는 백기를 든다.

"복잡, 도발, 반질서가 편안하기 위해서는 영혼의 자유로움이 있어야 한다. 하지만 우리 대부분은 속박의 편안함을 추구한다. 속박의 편안함 대신 자유롭고자 한다면 독자적 삶의 길을 개척해야만 하는 고통이 따른다. 또한, 어쩔 수 없이 소수자가 된다. 속박된 자들은 착하고 모범적이라는 평판이 따르지만 자유로운 자는 불편한 시선을 받는다. 이 시대는 자유로울 수 있는 때인가. 서정시를 써도 되는 때인가. 전체주의는 지나간 역사의 흔적일 뿐이라고 말할 수 있을까." (97p)

그의 고민은 전형적인 자유주의자가 겪어야만 하는 삶의 속박이자 굴레이다. 김갑수는 삐딱한 시선을 내장하고 있지만 싸우려 하지 않는다. 비판하지만 행동하지는 않는다. 하지만 이 세상에는 김갑수보다 못한 타락한 순응주의자들이 얼마나 많은가. 따라서 그의 중도적 발언은 도발적이지는 못하지만 매력적이다. 그동안 등장했던 딱딱한 클래식 음악서적에서 김갑수만큼의 개인적 사유를 털어놓은 책을 본 적이 있는가.

무릇 자유를 추구하는 자들은 이기적인 유전자를 가지고 있다. 그들은 자신만의 시간을 지키기 위해 규칙을 무시하고, 전통을 비웃으며, 보수주의자들의 시선을 의식하지 않는다. 그렇다고 보수주의자의 삶이 이타적이라고 단정하지는 말자. 자유주의자 못지않게 욕심과 야망에 민감한 자들을 보수주의자 무리에서 어렵지 않게 찾아낼 수 있으니.

"분방함과 거리가 먼, 훈육주임 같은 브렌델의 빈틈없는 연주에서 하이든 건

반음악의 정점을 느낀다. 그러다 내리는 오늘의 결론. 나 일생토록 자유에 대

한 갈망에 목말랐으나 자유함이 무엇인지 당최 모르겠노라." (339p)

쓰다 보니 음악과 관련한 문구를 고르지 않았더라. 서둘러 책을 다시 뒤져 본다. 하이든 피아노 소나타를 가장 인상 깊게 연주한 알프레드 브렌델의 글이 시야에 들어온다. 이런, 저자의 취향이랑 내 취향이랑 궁합이 맞는 음악이 나왔네, 라는 독백이 새어 나온다. 브렌델이 해석한 하이든 피아노 소나타는 베토벤의 음악을 떠올리게 한다. 그만큼의 진중함과 사려 깊음이 느껴지는 소나타를 완성한 거다. 맞다. 이 아름다운 음악에 어떻게 미치지 않을 수 있으랴.

30
클래식 음악의 빛과 그늘
『클래식 음반 세계의 끝』
노먼 레브레히트

소개하는 『클래식 음반 세계의 끝』은 2009년 출간했던 『클래식, 그 은밀한 삶과 치욕스런 죽음』의 개정판이다. 필자는 2009년 초판본으로 나온 책을 읽었다. 저자 노먼 레브레히트의 글쓰기는 복서 마이크 타이슨과 흡사하다. 애매모호한 음악평으로 독자들의 눈치나 보는 엉터리 작가와는 궤적이 다르다는 의미다. 그의 글을 읽다 보면 찬사보다는 혹평과 비판이 난무하는 격투기장을 떠올리게 한다. 그렇다고 저자의 사고와 가치관이 편협하거나 단절되었다는 느낌은 들지 않는다. 그만큼 음악계에 내재한 고질적인 문제점을 통찰하는 매의 눈을 가진 자가 노먼 레브레히트가 아닌가 싶다.

저자는 서문에서 클래식음반은 과거에 우리가 생각했던 것보다 훨씬 다양한 방식으로 세상을 변화시켰다고 말한다. 20세기는 음반이라는 매개체를 통해 누구나 마음만 먹으면 쇼스타코비치의 음악을 듣고 그레고리오 성가를 들을 수 있었다.

이토록 쓸모가 많았던 클래식음반의 역사가 위기에 처한다. 클래식음반사들은 고육지책으로 소유주의 이해관계에 떠밀려 어쩔 수 없이 대중적인 카드를 꺼내 들기 시작했다. 저자는 이를 음악계의 비극이라고 꼬집는다. 클래식 레이블 데카는 몸에 착 달라붙는 속옷을 입은 여성 4인조와 계약했다. EMI 또한 예외가 아니었다. 이들은 〈플레이보이〉 잡지에나 나올 법한 야한 사진을 클래식 음반홍보에 사용했다. 이 모든 것이 불과 10년 전의 사건이다.

『클래식 음반 세계의 끝』은 저자가 매주 신문에 기고하고, 개인 웹사이트에 올린 칼럼을 중심으로 완성되었다. 책의 절반은 클래식음악과 관련한 다양한 에피소드가 차지한다. 내용은 한마디로 흥미진진하다. 마치 클래식음악계의 무협지를 보는 듯한 느낌이다.

지휘자 카를로스 클라이버의 기행은 음반업계에 얼마나 커다란 금전적 손실을 끼쳤는지, 최초의 상업용 CD를 제작하는데 왜 베토벤 9번 교향곡이 모델이 되어야 했는지, 1990년 열렸던 3테너 콘서트에서 파바로티와 도밍고의 자존심 싸움은 어떻게 전개되었는지에 대한 흥미로운 이야기들이 속속들이 펼쳐진다. 책의 후반부는 저자가 선정한 불멸의 음반 100선과 최악의 음반 20선의 목록과 해설이 나와 있다. 출판사의 쏠쏠한 편집능력이 돋보이는 장면이다.

"아테네 회의에서 업계는 새 기술을 둘러싸고 찬반양론이 뚜렷이 갈렸다. 오가가 CD 샘플을 재생하자 장비 제조업체가 잘 나가나는 LP를 죽이려 한다며 음반사 소유주들이 격분했다. (중략) EMI와 RCA는 CD를 보이콧하기로 했고,

순수주의자들은 CD 음색이 '메마르고 빈약하다'며 무시했다."(146p)

설명하는 시대는 1980년대 초반. 당시 LP의 독주가 영원하리라 믿었던 리스너와 음반업자들 사이에서 작은 혁명이 일어나고 있었다. 디지털 음원을 담은 콤팩트디스크(CD)가 일본과 네덜란드에서 경쟁적으로 개발 중이었다. CD는 용량과 사용에 있어 편리성이라는 강점이 존재했다. 반면 LP의 따스한 음색에 비해 CD는 음질상의 열악함이 단점으로 드러나는데 오랜 시간이 걸리지 않았다. 하지만 LP는 먼지를 닦아내 턴테이블에 올리고, 바늘을 점검하고, 카트리지를 내리는 일련의 의식은 자동화시대에 낡은 존재로 취급되었다. 보관이나 스크래치에 대한 문제점도 CD를 원하는 수요층을 자극하는 원인이었다. 무엇보다도 LP의 판매고가 급감하기 시작했다.

"클래식음반은 계속해서 위축되었다. DG, 데카, 필립스의 2001년 음반 판매고를 전부 합한 것이 10년 전 한 회사의 매출에도 미치지 못했다. 새로운 클래식 스타들은 과대포장이 거둔 승리였다."(204p)

클래식음악의 호황은 음반의 역사와 궤적을 같이했다. 카라얀이 이끄는 도이체 그라모폰의 음반들은 1980년대를 상징하는 클래식의 아이콘이나 다름없었다. 하지만 탄생한 지 불과 20년을 넘기지 못하고 CD의 인기가 시들해지자 클래식 음반산업 역시 하락세를 면치 못한다. 저자는 음반 기술의 밑바탕이었던 테크놀로지가 이제 음반을 파괴하는 원흉이 되었다고 아쉬워한다.

음반사는 더 이상 클래식이 고상한 계급이 즐기고 연주하는 음악이 아님을 깨닫는다. EMI는 헬싱키 오페라 오케스트라 출신으로 〈플레이보이〉 누드모델로 등장했던 바이올리니스트 린다 브라바를 홍보한다. 데카는 몸에 달라붙는 속옷을 걸친 여성 현악4중주단 '본드'로 대항한다. 이들의 섹스어필이 별다른 효과를 보지 못하자 이번에는 스토리텔링을 만들어내는 데 주력한다. 트랜스젠더 매춘부로 BBC의 리얼리티 드라마에서 피아노를 연주했던 재키 매컬리프는 데카와 손을 잡는다. 맹인 팝가수 안드레아 보첼리는 클래식으로 전향하여 베르디의 레퀴엠에서 억지로 자리를 얻지만, 혹평을 면치 못한다. 과거 클래식 스타들의 명성에 함몰된 고객들은 신진 음악가의 결과물에 귀를 기울이지 않았다.

"음반업계는 사람들이 도심에 위치한 음반점에 진열된 음반 옆을 무심하게 지나는 광경을 속수무책 바라만 보았고, 대중들은 온라인에서 실황 연주나 희귀음원을 뒤졌다. 지금은 대중들의 행동에 변화가 보이는 시점으로 음반업계가 마지막 피치를 올릴 때다. BBC의 다운로드 서비스가 있고 몇 달 뒤에 타워레코드가 문을 닫아 주요 도시에서 클래식 매장이 사라졌다. 워너는 클래식 음반 제작을 중단했고, 소니-RMG(컬럼비아와 빅터의 합병)는 많은 인력들을 해고했다. 게임은 끝났다. 하나의 예술형식이 바야흐로 종착점에 다다랐다."
(229~230p)

CD는 반영구적인 특성을 내세워 소비자들을 공략했다. 하지만 소비자들은 이 때문에 낡은 LP를 CD로 교체할 필요가 없었다. 결국, 음반산업은 CD가 대중들 앞에 등장했던 10년을 끝으로 호황기를 접어야만 했다.

음반 제작단가가 떨어지자 CD는 신문이나 잡지에 공짜로 끼워주는 홍보용 상품으로 전락했다. 한때 동경과 열망의 대상이던 클래식 CD는 기념품이나 잡지 부속물 정도로 사회문화적 가치를 잃었다.

21세기 이후 음반으로 클래식을 듣는 것은 경직되고 낡아 보이는 행위로 취급되었다. 플라스마 스크린과 위성, 케이블 채널로 무장한 텔레비전, 컴퓨터 게임과 스마트폰 앞에서 교향곡과 오페라 CD는 더 이상 경쟁력이 없는 존재였다. 오디오 CD를 시각적으로 확장한 DVD도 상황은 마찬가지였다. 게다가 시대를 대표할 만한 클래식 스타의 부재도 원인으로 작용했다. 소니의 프로듀서였던 마이클 하스는 지적이고 감수성 예민한 소비자들이 듣고 싶어 하는 새로운 음악이 없는 상황에서 과거의 음악을 다시 손봐서 내놓는 것 이외에는 대안이 없다는 게 클래식음악계의 현실이라고 지적한다.

이제 클래식 레이블은 세상을 떠난 유럽 출신의 백인 작곡가, 퇴행적이고 연로하고 이질적인 청중 사이에서 오도 가도 못하는 신세가 되었다. 노먼 레브레히트는 다문화사회의 변화를 제대로 읽지 못한 음반업계의 무지함이 마지막 실책이었다고 토로한다. 저자는 클래식 음반산업의 발전과 쇠퇴를 논하지만, 미래의 대안이 무엇인지까지는 말하지 못한다. 음반은 사라지고 음원만이 유령처럼 떠도는 시장에서 클래식은 사라질 것인가. 정답은 음반업계, 음악가, 청중 모두가 풀어내야 할 과제임이 분명하다.

31
말러리안을 위한 교향곡
『구스타프 말러』
김문경

김문경은 세칭 '말러박사'라 불린다. 소개하는 책『구스타프 말러』는 무려 1,150페이지에 달하는 일종의 말러전집이다. 놀라지들 마시라. 저자 김문경의 전공은 신기하게도 약학이다. 직업은 변리사. '전공자도 아닌 자가 감히 클래식을?'이라는 의문이 든다면 이들은 필시 김문경의 강의를 한 번도 접하지 않았던 사람이라 보아도 무방하다.

김문경의 클래식 강의는 명쾌하면서도 친절하다. 그는 특유의 미성으로 자칫 지루할 수 있는 클래식 음악이야기를 재미있게 풀어나간다. 중학생 시절 졸면서 배웠던 음악시간과는 차원이 다르다는 말이다. 마치 딴 나라에 사는 왕자님이 클래식이라는 황금마차를 타고 재림한 듯한 분위기마저 든다. 그렇게 김문경은 클래식 전도사로 제2의 삶을 영위하고 있다.

칭찬이 너무 과했나? 이번에는 조금 다른 각도에서 김문경을 말할 차례이다. '그는 클래식이 특정계급에만 접근 가능한 소수음악이라고 착각하는 것은 아닐까?' 하는 의문이 멈추지 않는다. 책 서문에 보면 자신의 사춘기 시절에 들었던 말러음악은 반항의 상징이었다고 토로한다. 다른 친구들이 헤비메탈에 빠지듯이 자신은 말러음악을 들었다는 설명이다. 실제로 독실한 청교도주의자에게 헤비메탈은 악마의 음악이라는 하대를 받고는 한다.

김문경과 록음악은 상극에 있을 가능성이 높다. 자연스럽게 그의 음악적 논리는 클래식에 한정된다. 그가 리스너에서 전문가로 변신한 지도 10년이 훌쩍 넘었다. 이제는 강의재료로 쓰이는 음악적 소재를 클래식 일변도에서 다른 음악장르로 넓히거나 이를 병행할 필요가 있지는 않을까.

특정 장르에 천착하는 타인의 취향은 문화적 배타주의와 일맥상통한다. 클래식은 상류계급의 놀이터가 아니다. 지금도 독일 프라이부르크에서는 장기 오페라 공연이 매일 진행 중이다. 한국에서는 클래식 중에서도 일부만이 즐긴다는 오페라가 독일 남부도시 한복판에서 장기상영 중이라는 말은 다양한 의미를 지닌다. 과연 독일의 상류층만이 오페라 공연장을 찾을까. 그렇지 않다. 그들에게 클래식이란 일상과도 같은 존재다.

아무리 노력해봐야 클래식을 즐기는 이들은 국내에 한정되어 있으니까 그런 이라도 잘 챙기자, 라는 중년 음악평론가의 논리에 한숨이 절로 나온다. 마치 클래식이 넘어서지 못할 경지에 계신 금덩어리이라도 된단 말인가. 그들만의 리그에서 매주 가면무도회를 즐겨보자는 심보가 아니라면 어떤 음악이든 열린 마음으로 대하는 것이 순리가 아닌가 싶다. 다시 말하자면 클래식 또한 지위고하를 막론하고 부담 없이 접할 수 있는 음악 중 하나라는 게 필자의 생각이다. 클래식은 멋지고 록음악은 저속하다는 선입견에 간힌 자라면 평생을 수도원에서 물과 채소만으로 연명하겠다는 각오 정도는 있어야 하지 않을까.

"이후 나의 말러에 대한 집착은 다른 교향곡을 찾아 듣거나 라이선스 LP를 통해 반복청취하는 것으로 그치지 않고, 점차 교향곡 악보를 하나둘씩 모으기 시작하였으며 좋아하는 교향곡의 경우 처음부터 끝까지 외우고자 시도하는 지경에 이르렀다. 많은 사람들이 말러에 빠지듯이 나의 사춘기는 '말러 열병'을 앓고 있었고, 어느덧 마음속에는 그의 음악을 심도 있게 해설하고픈 꿈과 열망이 자리 잡게 되었다." (6p)

시중에 나온 말러 서적 중에서 김문경의 책을 선택한 이유는 내용의 전문성에 있다. 『구스타프 말러』는 말러 초심자가 다가가기에는 부담이 적지 않은 책이다. 물론 말러의 생애에 해당하는 277페이지까지는 무리가 없다. 저자의 말러 사랑은 설명 그대로 그의 교향곡 전체를 분석하는 지경에 이른다. 듣는 말러에서 읽는 말러로 부족하여 분석하고 연구하는 말러주의자로 변신한 것이다. 이렇게 저자의 끊임없는 열정으로 국내 최고의 말러전문서가 탄생한다.

김문경의 『구스타프 말러』의 가장 큰 특징은 말러교향곡 전곡을 악장별로 분석한 278~901페이지에 있다. 중요한 점은 그가 클래식 전공자가 아닌, 일반인의 시각에서 교향곡 분석을 시도했다는 거다. 이는 일반독자의 이해도 측면에서 커다란 장점을 지닌다.

"이 악장은 그토록 난해하다는 말러교향곡 중에서도 널리 대중적인 인기를 누리고 있으며 아직도 많은 말러 초심자가 이 곡을 통해 말러에 접근하고 있다. 이 곡은 요즘 너무 유명해져서 말러의 완성악장을 모은 컴필레이션 음반의 타이틀이 되기도 하고 '아다지에토'란 템포의 대명사격인 곡으로 예시되기도 한다." (561p)

소개하는 악장은 말러 교향곡 5번 제4악장이다. 1번, 2번, 9번과 함께 개인적으로 가장 좋아하는 말러 교향곡인 동시에 한국인들에게 많은 사랑을 받는 악장이다. 이 악장은 문화적으로 세 가지 연관성을 지닌다. 첫 번째가 말러, 다음이 루키노 비스콘티라는 이탈리아 출신 영화감독, 마지막으로 독일의 소설가 토마스 만이다.

루키노 비스콘티는 1971년 〈베니스에서의 죽음〉이라는 영화를 제작하면서 반복적으로 말러 5번 4악장을 삽입한다. 실제 영화의 주인공을 말러로 삼았으며, 본 영화의 원작은 독일을 대표하는 작가인 토마스 만의 작품이었다. 따라서 말러의 교향곡 5번은 영화와 문학으로 이어지는 트라이앵글형 콘텐츠에 해당한다.

김문경의 음악해석은 난해한 작곡원리와는 근본적으로 다르다. 따라서 작곡을 전공하지 않은 일반인들에게도 어렵지 않게 이해가 가능한 눈높이를 가지고 있다. 그는 아다지에토 악장을 감상할 때에는 흔히 알려진 연애감정의 선입견에서 벗어나 은둔하고자 하는 말러의 영혼을 느껴보자고 말한다.

"주세페 시노폴리-필하모니아 오케스트라(1985, DG) 음반은 초개성적인 해석에 속하지만 동 콤비의 〈거인〉과는 달리 상당한 설득력을 발휘하고 있다. (중략) 이런 새로운 해석은 단지 낯설게만 하는 효과로는 부족하며 진보적인 심미안과 감수성이 결합될 때에 비로소 미학으로서 인정받을 수 있다." (932~933p)

902~1,097페이지까지 저자가 엄선한 말러교향곡 음반과 영상에 대한 리뷰가 실려 있다. 이번에는 말러 교향곡 2번 〈부활〉을 골라 보았다. 무려 18장에 달하는 음반이 앨범 이미지와 함께 등장한다. 이 정도

면 200페이지에 달하는 말러교향곡 음반소개서라고 해도 부족하지 않을 듯싶다.

이 중에서 주세페 시노폴리의 말러를 예시로 골라 보았다. 이외에 언급된 지휘자는 하이팅크, 주빈 메타, 오토 클렘페러, 사이먼 래틀, 이반 피셔, 클라우스 텐슈테트, 레너드 번스타인, 클라우디오 아바도, 엘리아후 인발, 마리스 얀손스, 미하일 길렌, 데이비드 진맨, 요엘 레비, 오스카 프리트, 브루노 발터, 카플란에 이른다. 흥미로운 점은 카플란의 신보가 박종호의 찬사와는 달리 호사거리를 동반한 그저 그런 시도에 지나지 않는다는 저자의 혹평이다. 그 외에도 존 바비톨리, 오토마르 주이트너, 안토니 비트, 리카르도 샤이까지 4명의 지휘자에 대한 설명이 추가되어 말러 스페셜리스트로서의 위치를 짐작하게 한다.

필자 역시 미술시장 또는 문화이론 강의를 하다 보면 가끔 비전공자가 어떻게 문화예술과 관련한 강의가 가능한지 묻는 이들을 만나고는 한다. 사실 문화예술은 한 가지 전공만으로 채워질 수 없는 융합학문에 속한다. 미술을 알기 위해서는 역사를 알아야 하고, 당시의 철학과 문화이론 사조를 이해하지 않고는 해석이 부족한 경우가 허다하다. 같은 길을 걷는 김문경 저자에게 앞으로도 넓고 깊은 활약을 기대해 본다.

32
이타적 지휘자의 출현
『마에스트로의 리허설』
톰 서비스

최하위권에서 허덕이던 어떤 프로야구 구단에 신임감독이 덜컥 임명된다. 나이는 70대. 혹독한 선수조련과 번뜩이는 승부사 기질로 유명한 인물이다. 아무리 유능한 감독이라도 가는 곳마다 승률 50% 이상이라는 선물을 구단주에게 상납하기란 불가능하다. 김응룡이 그랬고, 김재박이 그랬다. 그들의 시작은 창대했으나 마지막은 소소했다. 그들에게도 언젠가 명예회복의 기회가 올 것이다. 승부의 세계에서 중간이란 없다. 이기거나 또는 깨지거나.

신의 마술일까. 노구를 이끌고 그라운드에 선 감독은 예전의 명성을 되찾는다. 선수혹사니 뭐니 하는 비난에도 아랑곳하지 않았다. 아쉬운 실수로 게임을 망친 날에는 경기 직후 해당 선수의 지옥훈련을 자처했다. 아버지, 아니 할아버지뻘 감독이 직접 배트를 휘두르니 선수들이 정신을 차리지 않을 수 없다. 그렇게 외롭고도 위태로운 리더의 자리가 탄생한다.

운동경기에서 감독의 자리는 하나다. 음악이라고 다를까. 오케스트라

역시 지휘자의 자리 또한 하나다. 단 한 명의 지휘자가 무대에서 수십 명에 달하는 오케스트라의 손과 눈과 심장을 지배한다. 카라얀과 토스카니니로 이어지는 지휘자의 역사는 독선과 아집의 역사였다. 그들은 스스로를 빛나는 존재, 주목받는 존재, 두려운 존재로 연출하기 위해 가능한 모든 수단을 강구했다. 오케스트라는 그들의 눈빛을 두려워했다. 시간이 흘러 지휘자에게 익숙해진 오케스트라 단원들은 음악적 변화를 두려워하는 증상을 보인다. 모르는 사이, 수동적인 연주자가 되어버린 것이었다. 추종하는 삶은 편하다. 하지만 추종의 대상이 사라진 상황은 무기력 그 자체다.

『마에스트로의 리허설』에는 모두 여섯 명의 지휘자가 등장한다. 필자는 그중에서 이타적 지휘방식을 고수하는 세 명의 인물을 골라 보았다. 마리스 얀손스, 사이먼 래틀, 클라우디오 아바도가 그들이다. 이들은 카라얀과 토스카니니의 전매특허였던 강압적 방식의 지휘를 단호히 거부한다. 단원들에게 두려움과 긴장을 원하는 지휘자가 아닌, 자율과 자유를 주고받는 쌍방향적 지휘자로 변신한 것이었다. 그들은 외롭고 위태로운 리더보다는 편하고 호방한 리더를 자처했다. 존경이란 머리에서 만들어지는 것이 아닌, 마음에서 우러나오는 법이다. 그들은 존경보다는 소통을 원했다.

"이곳은 정말 '우리'의 오케스트라 같아요. 물론 프로그램 신정을 비롯해서 모든 결정이 다 마음에 들 수는 없겠지만 괜찮습니다. 여럿이 내린 결정이니까요. 연주자들이 참여해서 모든 결정을 내린다는 것은 대단히 민주적인 일입니다. 평범한 관악 주자도 수석지휘자와 똑같은 권리를 갖는다고 생각해보세요. 얼마나 근사한 일인가요?" (96p)

필자는 2009년 놀라운 기사를 접한다. 유명 클래식 음악전문지 「그라모폰」 전문필진의 투표로 로열 콘세르트허바우('음악회 빌딩'이라는 뜻)라는 오케스트라가 명실공히 세계 최고의 오케스트라로 선정된 것이다. 베를린 필도, 빈 필도, 뉴욕 필도 그렇다고 런던 필도 아닌 로열 콘세르트허바우라니. 나름 클래식음악을 깊이 있게 들었다고 자부하던 터라 투표 결과는 작은 충격이었다. 그때부터 리투아니아 출신의 마리스 얀손스에 대해서 관심을 끌게 되었다.

지휘자와 성악가 부부 사이에서 태어난 마리스 얀손스는 상트페테르부르크 음악원에서 바이올린, 피아노, 지휘를 공부한다. 그의 스승은 차이콥스키 해석의 대가인 지휘자 므라빈스키였다. 이후 카라얀 문하에서 학습한 그는 피츠버그 심포니, 뉴욕 필, 바이에른 방송교향악단을 거치며 예봉을 다듬는다. 그와 관련한 가장 유명한 설화는 오슬로에서 오페라 〈라보엠〉 지휘 도중 발생한 심장발작 사건이 아닌가 싶다. 그는 무대에서 쓰러지는 와중에도 한 손에 지휘봉을 움켜쥐고 있었다.

지휘를 향한 그의 태도는 강직한 인간미를 기반으로 한다. 오케스트라 단원의 인터뷰에 의하면 그는 절대 스타지휘자처럼 처신하지 않는다. 기꺼이 협력할 줄 알고 연주자와 함께 일하고자 노력하는 인물이다. 마리스 얀손스는 수석지휘자란 절대 고집스럽게 굴어서는 연주자를 존중할 수 없다고 말한다. 오케스트라의 분위기와 성향을 파악하고 그들이 어떻게 생각하는지 깨닫는 게 지휘자의 첫 번째 임무라는 말을 잊지 않는다. 그는 세계 최고의 오케스트라를 지휘할 만한 능력자임이 분명하다.

"사이먼 래틀은 대단히 친절한 사람이고 마음이 열려 있죠. 아무리 힘든 상황에서도 그가 화내는 모습을 본 적이 없어요. 모든 리허설을 모범적으로 준비하고, 자신이 무슨 소리를 원하는지 아주 명확하게 알고 있습니다. 그리고 자신이 원하는 것을 얻을 때까지 모두를 '미치게' 하더라도 결코 웃음을 잃지 않아요." (216p)

2018년부터 베를린 필을 맡을 상임지휘자가 결정되었다. 영예의 주인공은 러시아의 키릴 페트렌코. 독일(푸르트뱅글러), 오스트리아(카라얀), 이탈리아(아바도), 영국(래틀), 그리고 러시아로 이어지는 명지휘자의 계보가 탄생한 것이다. 이렇듯 베를린 필과 관련한 이슈는 언제나 클래식음악계 최고의 뉴스로 회자된다. 이처럼 유럽 클래식음악사에서 베를린 필을 빼놓고는 설명이 쉽지 않다.

사이먼 래틀의 명성은 버밍엄 시립교향악단을 일약 세계적인 집단으로 재탄생시킨 데서 기인한다. 그는 20세기 후반의 작품 위주로 오케스트라 레퍼토리를 확장한다. 또한, 버밍엄 시의원들에게 새로운 콘서트홀의 필요성을 알린 결과, 1992년 심포니 홀이 개장한다. 이곳에서 사이먼 래틀의 지휘는 연주자들에게 더 많은 힘과 헌신을 끌어내는 데 성공한다.

양날의 검이라 불리는 오케스트라 지휘자 사이먼 래틀의 능력은 베를린 필 지휘자로 선정되는 영예를 얻는다. 그는 세계 정상권의 연주능력을 겸비한 연주자들에게 버밍엄 시절과는 정반대의 요구를 한다. 이른바 맞춤형 지휘를 시도한 거다. 래틀은 연주자들이 자율적으로 오케스트라를 리드할 수 있도록 개개인의 잠재력을 인정해줬다. 실제 버밍엄 오케스트라 출신의 한 연주자는 베를린 필의 분위기가 마치 무정부 상태를 방불케 할 정도로 개개인의 개성이 강한 연주를 들려준다고 토로한다. 사이먼 래틀에 대한 음악적 평가는 그가 베를린 필을 그만둔 이후에도 화제가 될 것이다. 어쨌거나 그가 보여준 변화와 적응력은 베를린 필의 역사를 언급할 때마다 두고두고 회자될 것이다.

"매해 여름이 시작될 때마다 이 오케스트라가 존재한다는 것이, 그리고 내가 여기서 연주한다는 것이 도무지 실감 나지 않습니다. 리허설 중에 맙소사, 소리가 너무도 아름다워, 현악 섹션의 소리 좀 들어봐, 트럼펫 독주는 어떻게 저런 소리를 내지, 하고 생각하는 경우는 정말 드문 일입니다. 제가 알기로 이런 오케스트라는, 우리가 함께하는 매일매일 근본적인 수준에서 경탄이 터져 나오는 오케스트라는 여기밖에 없습니다." (297p)

지휘자 클라우디오 아바도에 대한 단원의 인터뷰 내용이다. 인터뷰를 보아서는 대부분이 베를린 필을 의미한다고 답할지도 모르겠다. 하지만 정답은 클라우디오 아바도가 이끌었던 루체른 오케스트라이다. 단원들은 아바도에게 절대적인 신임을 표현한다. 아바도는 오케스트라가 알아서 연주할 수 있도록 최대한의 자연스러움과 협조를 만들어낸다. 자신이 원하는 소리를 성급하게 만들어내기보다 기다림과 관용으로 때를 기다리는 것이다.

그는 절대 자기 생각이 맞는지 틀리는지 단원들에게 질문하지 않는다. 단원들 스스로 아바도의 지휘방식에 미묘한 조율점을 찾아 주기를 원하는 것이다. 루체른 오케스트라를 거쳐 간 인물은 카를로스 클라이버, 레너드 번스타인, 카라얀과 같은 거물급 지휘자였다. 루체른 오케스트라는 이들과 마찰과 타협을 통해서 소리를 만들어냈다. 그중에서 유일한 예외적 인물이 바로 아바도였다. 그와 루체른 오케스트라는 서로 하나가 되어 음악을 창조한다는 목표를 완벽하게 공유했다. 연주자들은 전체적인 음감을 조절하는 아바도는 왼손을 자유의 상징이라 극찬한다.

저자가 말하듯 지휘의 연금술은 그저 음악적인 현상만이 아니라 사회적이고 문화적인 과정이다. 지휘가 중요한 것은 오케스트라가 중요하기 때문이고, 오케스트라 음악이 중요한 것은 존재를 변화시키는 힘이 있기 때문이다. 이러한 음악적 성장과정에서 끊임없이 연주자들과 영혼의 대화를 나누었던 인물이 있다. 사람들은 그들을 마에스트로라 말하고 지휘자라 표현한다.

33
피아니스트의 음악에세이
『피아노를 듣는 시간』
알프레트 브렌델

2009년이었다. 대학원에서 알게 된 마포아트센터 대표와의 인연으로 아트록 페스티벌을 함께 열게 되었다. 한국에서 아트록의 전도사로 활약하던 성시완 씨의 지원은 필연이었다. 첫 번째 공연 그룹으로 이탈리아 출신의 밴드 오잔나가 선정되었다. 어느 날 성시완 씨로부터 영국으로 출장을 갈 일이 생겼다는 전화가 온다. 필요한 게 있으면 이야기해달라는 요청이었다. 순간 머릿속에 그동안 구하지 못했던 브리티시포크 음반들이 떠올랐지만 이를 구할 확률이 높지 않았다. 대안으로 부탁했던 물건이 피아니스트 알프레트 브렌델이 출간한 원서였다. 당시 한국에는 음악가이자 작가인 브렌델의 한글판 저서가 등장하지 않았던 시절이었다. 이왕이면 아마존닷컴에서 절판된 책이라면 더 좋겠다는 생각을 했다.

　『피아노를 듣는 시간』은 소개하는 목록 중에서 가장 분량이 적은 책이다. 부피 또한 작아서 가방에 넣고 이동하면서 읽기에도 그만이다. 내용을 살펴보면 음악과 관련한 단어별로 저자의 생각을 에세이 형태로 정리했다. 브렌델은 작곡가 리스트를 피아노의 낭만적인 지배자, 종교 피아노 음악의 창조자, 근대의 급진적인 선구자라고 설명하는 식이다. 목차 또한 다양해서 화음, 악센트, 시작, 터치, 아르페지오, 녹음 등 다양한 음악적 소재를 자신의 입맛에 맞게 정리해 놓은 시도가 눈에 띈다. 읽는 이가 알프레드 브렌델의 팬이라면 더욱 의미 있는 독서가 될 것으로 생각한다.

알프레드 브렌델의 연주는 2세대 피아니스트답게 지나친 기교보다는 물 흐르듯이 이어지는 차분한 해석력이 돋보인다. 마치 음악학자의 강의를 듣는 듯한 기분이 들 정도로 세세한 설명이 녹아 있다. 아쉽게도 브렌델은 2008년을 끝으로 은퇴를 선언한다. 브렌델의 음반 중에서 후반기에 발표한 베토벤과 슈베르트 피아노 소나타를 최고라고 쳐주는 음악평론가들이 많다. 하지만 개인적으로 하이든 피아노 소나타를 추천하고 싶다. 마치 베토벤의 손가락을 통해서 하이든의 곡을 연주하는 듯한 감각이 돋보이는 연주다.

"베토벤 말고 희극과 비극을 모두 아우르는 작곡가는 없을 것입니다. 또 그가 아니면 어느 누가 다양한 변주곡에 깃든 경쾌함부터 자연의 힘을 풀어줬다 길들였다 하는 자유로움에 이르기까지 그 방대한 영역을 자신의 것으로 삼을 수 있을까요? 또 어느 거장이 후기 작품에서 현재, 과거, 미래를 하나로 모으고 숭고한 것과 세속적인 것을 결합시킬 수 있을까요?" (33p)

브렌델은 음악가들에 대한 자신의 소견을 잊지 않는다. 위의 글은 〈베토벤〉에 대한 저자의 에세이다. 하이든에 대한 저자의 의견도 있지만 이를 비교해보면 하이든 피아노 소나타에 대한 필자의 애정이 지나치지 않았나 싶다. 브렌델은 베토벤의 음악성이야말로 자신이 도달해야 할 궁극

점이라고 생각하는 게 분명하다. 저자는 베토벤이 자기만의 방식으로 온화한 음악가였다는 사실, 오만함 말고도 친밀함과 부드러움이 그의 특성일 수 있다는 사실 또한 잊어서는 안 된다고 강조한다.

> "지난 십여 년 동안 연주회용 피아노는 점점 더 강렬해지고 타악기적인 경향으로 나아갔습니다. 나이 든 피아노 대가들은 도리어 이런 변화를 외면하겠지요. 과거의 피아노는 소리가 내면에서 울렸고 그 덕에 음향이 길고 따뜻했답니다." (94p)

'피아노'에 대한 브렌델의 해석은 다분히 복고적이다. 그의 에세이를 보면 '아아 이래서 내가 브렌델의 피아노를 좋아했군.'이란 감탄사가 나올 정도로 공감 가는 부분이 적지 않다. 반갑고도 기쁜 일이다. 마치 중국계 피아니스트 랑랑을 지칭하는 듯한 글귀가 눈에 띈다. 내면의 소리보다는 거창한 쇼맨십으로 중무장한 21세기 피아니스트들에게 경종을 울릴 만한 글이다. 아쉽지만 이젠 클래식도 쇼 비즈니스의 영역에서 자유롭지 못하다. 리스너들은 음악보다는 이미지에 도취한다. 다양한 피아노곡을 섭렵하기보다는 다른 장르의 작품들을 공부하는 연주자가 되라는 브렌델의 일갈이 마음에 든다.

> "모차르트는 도자기로 이루어진 음악가도, 대리석이나 설탕으로 이루어진 음악가도 아닙니다. 또 우리는 익살스러운 모차르트, 향기나는 모차르트, 환희에 찬 모차르트, '나를 건드리지 마세요.' 하는 모차르트, 예민함으로 꽉 찬 모차르트, 시적이기만 한 모차르트의 모습도 조심스럽게 피해야 합니다." (119p)

브렌델은 오스트리아 출신의 피아니스트였던 아르투르 슈나벨의 말을 빌려 모차르트를 설명한다. 모차르트의 소나타는 아이들에게는 너무 쉽고 연주자들에게는 너무 어렵다는 게 이야기의 핵심이다. 그렇다면 저자가 생각하는 모차르트는 어떤 음악일까. 성숙한 모차르트는 자기가 하고 싶은 이야기를 군더더기 하나 없이 음악에 담아내는 것이라고 말한다. 결국, 대가란 선대들이 남긴 들쑥날쑥하고 의아한 것들을 매끄럽게 다듬는 사람이 아니라고 브렌델은 주장한다. 이들은 그저 작은 명인일 뿐이며 결국 정제되면서 희석되는 법이라는 조언을 잊지 않는다. 연주자뿐 아니라 작가에게도 금과옥조로 삼을 만한 문구다.

"피아니스트에게 연습은 무엇보다 중요합니다. 그렇다고 연습을 과중한 부담으로 여겨서는 안 되지요. 피아니스트는 한 작품과 친해지기 위해 신체적인 접촉도 하고, 정신적으로도 파고들어야 합니다. 작품이 스스로 이야기하게 부추기기도 하고, 때로는 더 나은 연주기술을 터득하기 위해 평생을 걸어야 하는 긴 습득 과정에 자신을 던지기도 해야 합니다." (179p)

'연습'에 대한 저자 생각은 다양한 직업을 가져야만 하는 현대인들에게도 해당하는 부분이다. 그는 연습과정이 강요되거나 대충 이뤄져서는 안 된다고 말한다. 모름지기 연습이란 행위자의 마음에서 우러나와야만 결실을 볼 수 있다는 의미다. 또한, 작품 하나를 조각조각 연습하는 것을 반대한다. 연습이란 집중력도 필요하지만, 그렇다고 편협해서도 안 되는 과정이다. 야망과 인내와 작품을 선택하는 안정적인 안목까지, 무엇보다 자신의 연주를 들을 수 있는 능력이 있어야만 연습을 통해 발전할 수 있다고 조언한다. 이젠 무대에서 만날 수 없는 브렌델의 다른 저작들이 하루속히 출간되기를 기원한다.

34
최고의 선율을 찾아서
『베를린 필하모니 오케스트라』
헤르베르트 하프너

아무리 클래식에 문외한일지라도 카라얀을 모르는 이는 없을 것이다. 지금은 도심에서 사라지다시피 한 동네 이발소에도 카라얀의 흑백사진이 떡하니 걸려 있을 정도였으니 말이다. 물론 이발소에서는 클래식음악 대신 이미자의 동백 아가씨가 흘러나왔다. 두 눈을 지그시 감은 채로 지휘봉을 잡은 카라얀의 사진은 교양부족증에 시달리는 소시민들의 애장품이었다.

카라얀 다음으로 알려진 클래식음악의 상징은 베를린 필이다. 푸르트벵글러, 카라얀, 아바도, 래틀이라는 클래식 지휘계의 아이콘들이 베를린 필을 거쳐 갔다. 또한, 정명훈, 첼리비다케, 바렌보임, 메타, 세이지, 레바인 등의 초일류 지휘자들이 베를린 필의 객연지휘자로 활약했다. 지휘자들에게 베를린 필은 꿈의 무대이자 성공으로 가는 교두보였다.

이번 클래식 편에서는 서평 후보군에 올랐던 책이 유난히 많았다. 다른 장르에 비해 상대적으로 음악적 지식이 높게 요구되는지라 개인적으로도 많은 클래식 서적을 접했다. 40여 권에 이르는 후보 클래식

서적 중에서 서평대상을 고르는 일은 쉽지 않았다. 아쉽게 탈락한 것이 카라얀과 래틀에 관한 서적이었다. 이유는 소개하는『베를린 필하모니 오케스트라』때문이었다.

사실 초반 77페이지까지는 지루한 감이 없지 않다. 내겐 푸르트벵글러 이전 지휘자의 음악을 제대로 들어본 일이 없기 때문이다. 하긴 푸르트벵글러가 베를린 필에 취임했던 해가 1922년이니 LP 레코드 자체가 존재하지 않던 시절이었다. 따라서 이 책의 본격적인 시작은 푸르트벵글러가 등장하는 시점부터라 할 수 있다. 물론 푸르트벵글러란 이름이 생소한 이들에게는 미디어의 제왕이라 불렸던 카라얀이 취임하는 대목부터 구미가 당길 수 있을 것이다.

"베를린 필을 둘러싼 논란의 초점이 유난히 푸르트벵글러에게 쏠리는 이유는, 거론되는 지휘자들 가운데 그가 가장 저명한 인물이었기 때문만은 아니다. 그 것은 무엇보다 푸르트벵글러가 독일문화, 독일음악의 대표자이자 대변임을 자임했던 데에서 연유한다." (118~119p)

푸르트벵글러 지휘법의 핵심은 풍부한 음악적 다양성을 함유하는 데에 있다. 첼리비다케는 그가 어린애처럼 순수한 태도로 음악에 귀를 기울였고, 그렇게 경청한 것에서 우러나오는 연주를 했다고 밝힌다. 푸르트벵글러는 당시 지휘자들과 달리 악보에 충실한 연주가 작품에 충실한 연주가 아니라는 신념을 지니고 있었다. 조지프 시게티, 아르투어 슈나벨, 브로니스와프 후베르만, 나탄 밀스타인, 빌헬름 켐프, 파블로 카살스 등이 푸르트벵글러가 이끄는 베를린 필과 협연을 펼쳤다.

그런 푸르트벵글러에게 독일은 어떤 의미였을까. 그가 베를린 필의 지휘자로 활약했던 시대는 나치즘이 활개를 치던 시절이었다. 애국자 푸르트벵글러는 위대한 독일문화를 빌헬름 2세 이후의 시기에도 지키고 살리는 것이 주요과제라고 생각했다. 이는 음악에 있어서 자신의 독일적 가치를 구현하겠다는 의지로 해석된다. 1933년 5월 선거에서 나치당이 44퍼센트에 가까운 유효표를 얻자, 푸르트벵글러와 베를린 필은 나치당의 체제 내로 편입된다. 이후 베를린 필은 '히틀러의 입'이라 불리던 괴벨스의 국민계몽 선전단체로 돌변한다. 이러한 대가로 재정난에 허덕이던 베를린 필은 경제적으로 안정된 기반을 확보한다.

보다시피 푸르트벵글러는 나치주의자의 입김에 놀아난 정치적인 지휘자라는 오명이 족쇄처럼 따라다녔다. 실제 그는 친나치주의자라는 외국인들의 비난에서 자유로울 수 없었다. 브뤼셀 공연에서는 그의 공연에 항의하는 시위대 때문에 공연장에 갇혀 있어야 했다. 게다가 안트레브펜에서는 경찰의 보호를 받으며 공연장 뒷문으로 빠져나와야 했으며, 덴 하그 공연은 아예 보이콧을 당했다. 반대로 독일 내에서는 반대로 그가 나치에 친화적이지 않다는 연유로 곤욕을 치렀다. 한편 푸르트벵글러는 나치가 혐오하던 유대인 연주자를 전격 기용하는 음악적 소신을 보인다. 그는 이러한 양비론적 태도를 통해서 정치를 예술과 분리하려는 시도를 포기하지 않는다. 그는 찬양과 숭배의 대상으로 히틀러를 인정할 수 없다고 여기는 독일시민들의 대안적 존재였다.

"카라얀은 베를린 필에 대해서도 단순히 연마된 완벽주의를 능가하는 화려함과 고도의 정밀함을 적극 추구하는 지휘자로 탈바꿈했다. 아울러 작품의 까다

로운 문제점들은 미려한 음향으로 윤색했다." (212p)

푸르트뱅글러가 죽자 여론은 첼리비다케가 베를린 필의 지휘봉을 이어 받을 것이라고 들썩거린다. 하지만 단원들은 평소 첼리비다케의 신경질적이고, 과민하고, 공격적인 성향을 못마땅해했다. 심리적으로도 외교적으로도 미숙한 존재였던 첼리비다케는 학수고대하던 베를린 필의 자리를 카라얀에게 빼앗긴다. 물론 카를 뵘, 오이겐 요훔 등도 후보군에 오른다. 1954년, 드디어 베를린 필 상임위원회는 카라얀을 만장일치로 차기 지휘자로 선정한다.

섬세한 음향감각의 소유자였던 카라얀은 첼리비다케에 대한 불만이 높았던 베를린 필의 환영을 받는다. 하지만 그 역시 인적 조화를 우선으로 여기는 지휘가가 아니었다. 탁월한 사업적 감각을 가진 카리스마적인 지휘자였다. 나치당원이었던 그의 권력본능은 마침내 베를린 필과 종신계약이라는 무소불위의 권한을 보장받기에 이른다. 고향은 오스트리아였으나 독일인과 다름없이 처신했던 카라얀의 이중적 태도 또한 논란의 대상이었다.

카라얀은 적극적으로 베를린 필을 독일의 수출품목으로 개발한다. 왜 시장에서는 카라얀의 음악에 환호를 보냈을까. 『베를린 필하모니 오케스트라』에서는 그의 음악을 '대리석 같은 매끄러움', '유선형의 완벽주의', '향수를 뿌린 감성주의'라고 표현한다. 카라얀의 전성시대는 1980년대까지 이어진다. 그는 도이체 그라모폰사 최고의 음반수익원으로 활약한다. 1989년 7월 16일 일요일 한낮. 카라얀은 소니 사장인 오가 노리오와 상담을 하던 중에 심장마비로 사망한다.

"이 역사적 대전환기를 맞아 베를린 시는 다시금 새로운 전망을 안고 동서 간의 문화적 구심점이 될 기회를 얻었습니다. 베를린이 다시 모든 사람에게 정신적, 예술적 흐름을 개방한 도시가 되도록 우리 모두 적극 노력합시다. 이 모든 것이 베를린 필의 프로그램 구성에도 반영될 것입니다." (288p)

오케스트라의 절대군주로 활약하던 카라얀이 사라지자 음반산업 역시 몰락의 길을 걷는다. 반면 카라얀의 광범위한 연주여행으로 베를린 필은 전 세계에서 인정받는 악단이 되었다. 카라얀의 종횡에 시달렸던 악단은 민주적 지휘자로 알려진 클라우디오 아바도를 내세워 체질개선에 들어간다. 베를린 필에 더 자주 머물 것, 레퍼토리를 확장할 것, 종신직 임명은 불가, 젊은 층으로 바뀐 단원들과 보다 동료애적인 관계에서 일할 것 등이 아바도와의 계약조건이었다. 앞에 언급한 아바도의 취임사 내용 중 '예술적 흐름'이란 현대음악뿐 아니라 진보적인 음악에도 비중을 두겠다는 의미였다.

책의 마지막 부분은 아바도의 뒤를 이어받은 사이먼 래틀에 대한 이야기로 정리된다. 베를린 필은 사이먼 래틀에 이은 차기 지휘자로 러시아 출신의 키릴 페트렌코를 임명한다. 그가 2018년부터 베를린 필의 상임지휘자로 선정된 것이다. 오케스트라의 해석력을 한 단계 올렸던 푸르트벵글러, 화려하고 매끄러운 선율을 앞세워 클래식의 대중화에 앞장섰던 카라얀, 소통하는 지휘자의 표상이었던 아바도, 독일적인 사운드에서 탈피했던 래틀이 베를린 필을 이끌어왔다. 최고라는 자리는 늘 외롭기 마련이다. 그 외로움을 이기기 위한 방식은 제각각이다. 키릴 페트렌코의 리더십은 어떤 음색을 가진 베를린 필을 만들어낼 것인가. 그 해답은 키릴 페트렌코와 베를린 필, 그들을 사랑하는 대중들의 역학관계가 쥐고 있다.

35
뉴욕좌파의 지휘법
『레너드 번스타인』
배리 셀즈

번스타인이라. 미안하지만 혹시라도 낭만적인 음악이야기가 주를 이룰 것이라는 기대는 접었으면 한다. 저자인 배리 셀즈는 흥미롭게도 정치학을 가르치는 인물이다. 따라서 소개하는 책은 철저하게 정치문화적 시각에서 레너드 번스타인을 이야기한다. 문화예술은 정치와 동떨어진 먼 나라 이야기라고 생각하는 독자에게는 실망을 안겨줄 만한 책이다. 하지만 이를 이해하는 독자라면 소개한 어떤 책보다 기억에 남을 만한 책이다.

흔히 지휘자, 그것도 전공이 클래식이라면 고상하고 멋지다는 인상을 받기 마련이다. 수십 명에 달하는 연주자의 정신과 육체를 지배하는 자. 자신의 손끝에서 만들어지는 소리들. 관객의 환호를 온몸으로 받아내는 순간들. 이 모든 것이 지휘자의 보람이자 존재이유다. 지휘자의 이러한 모습은 단지 겉으로 보이는 현상에 불과하다. 음악을 포함한 여타 문화예술 또한 마찬가지다. 대중들이 현상에 경도되어 있을 때 문화예술은 그들 곁에 오래 머물지 않는다. 이것이 머무는 자의 특권이자 자유다. 번스타인 또한 예외가 아니다.

진보주의자, 동성애자, 유대인, 러시아계 이민자의 아들. 이 네 가지 조합과 미국사회를 대치시켜 보자. 무엇 하나 미국의 주류계급과 어울릴 만한 부분이 없음이 확실하다. 진보주의자는 냉전시대 이후부터 지속적으로 미국에서 환영받을 만한 존재가 아니었다. 양성애자는 청교도적 사상에 경도된 미국인들의 적이나 다름없는 존재였다. 아는 바와 같이 유대인은 나치시대 이전부터 박해의 대상이었다. 냉전시대 이후 러시아계 이민은 미국사회의 아웃사이더였다.

조합의 주인공이 바로 레너드 번스타인이다. 유럽에서 카라얀이 명성을 날리던 시절, 미국의 대항마는 바로 번스타인이었다. 미국은 왜 나쁜 조건만 골라서 가진 좌파 동성애 지휘자를 선택한 것일까. 저자는 다양한 각도에서 번스타인을 조명하고 있다. 그가 바라보는 시야가 만만치 않게 넓다 보니 읽는 내내 타임머신을 타고 미국의 과거와 현재를 왕복하는 느낌이었다. 옥에 티도 존재한다. 지나치게 역사 정치적인 시각을 들이대다 보니, 번스타인의 음악 자체가 소개되는 대목이 영양실조에 걸려버렸다. 아쉬운 부분은 번스타인의 음악감상으로 대체하기로 하고 배리 셀즈의 이야기 속으로 들어가 보자.

"1950년에는 그의 경력이 내리막길에 들어선 듯했다. 1950년 2월 26일, 그는 「카운트 어택」이라는 정기간행물을 통해 이루어진 마녀사냥에서 불순분자로 낙인찍혔다. 그는 「룩」지의 1950년 3월호에서 '성공할 수밖에 없는 운명인 남자'로 소개되었지만, 한편 「레드 채널스」 1950년 6월호에는 위험한 빨갱이라고 나왔다." (97p)

1940년대 내내 번스타인의 경력은 찬란한 빛을 발한다. 뉴욕시향의 음악감독, 뉴욕 필하모닉과 미국 전역 및 유럽 유수 관현악단에서의 빈번한 지휘활동에 RCA에서의 레코딩 계약 등 그의 영역은 한계가 없어 보였다. 그의 화려하고 묘기를 부리는 듯한 지휘 스타일도 유명세에 한몫한다.

　　냉전시대 이후 번스타인의 입지에 커다란 변화가 밀려온다. 결국, 라디오, 텔레비전, 영화산업 등에서 그를 블랙리스트에 올리기 시작한다. 또한, CBS에서 번스타인을 출입금지 처분을 내린다. 1950년 발발한 한국전쟁으로 미국 내 빨갱이 공포증이 도화선이 되었음은 물론이다. 이제 번스타인의 공은 외국 주재 국무부 산하기관에서 연주가 금지되었고, 안보위협 요인의 하나로 간주했다. 결정적으로 번스타인은 백악관과 FBI의 조사 대상이 되기 시작한다.

　　"번스타인을 신격화하려는 경향은 점점 심해졌다. 컬럼비아레코드는 1960년 6월에 '새로운 번스타인 스타일'을 선보일 예정이었고, 〈웨스트사이드 스토리〉는 4월에 재공연을 시작할 터였다. 그는 '세상 꼭대기'에 있었다." (150p)

　　미국 내 다양한 정치운동권에 관심을 보이던 번스타인은 급기야 냉전시대의 제물로 전락한다. 그는 의회청문회에 끌려가 자신이 좌파가 아니라는 선서까지 하는 고초를 겪는다. 하지만 고난의 시기는 길지 않았다. 무엇보다 재정난에 허덕이던 뉴욕 필하모닉은 번스타인 같은 대중성을 갖춘 지휘자가 필요했다. 번스타인이 재기하던 1960년대가 등장하자, 미국의 도덕의식이 바뀌고 있었다. 새로운 자유방임주의가 예술계를 휩쓸었고 다다이즘과 초현실주의의 복귀, 팝아트의 등장, 이 모든 것이

1950년대의 엄격함에서 벗어나고자 하는 기록들이었다.

"1960년대 이후, 구스타프 말러의 작품들은 고전음악계에서 매우 높은 평가를 받아왔다. 그것은 많은 부분 번스타인 덕분이었다. 말러의 음악을 들으러 온 청중으로 넘치는 전 세계 도시들의 콘서트홀들, 대규모 말러 축제들, 급증하는 녹음, 쏟아지는 말러 전기와 음반 일람표, 해설집. (중략) 이 모두가 말러의 위대함을 증언하고 있었다." (234p)

번스타인의 가장 큰 음악적 성과를 꼽으라면 〈웨스트 사이드 스토리〉류의 창작곡들과 말러붐을 일으킨 주역이었다는 점이다. 번스타인은 1960년대 중반, 음악과 공적생활에서 강한 정치색을 드러낸다. 예를 들어 케네디 시대였던 1962년에 그는 말러의 해석을 단지 미적인 관점에서만 시도했다. 하지만 번스타인은 1966년 흑인인권운동에 참여하면서 정치적, 사회적 위기의 맥락에서 말러를 재해석하는 입장으로 돌아선다. 게다가 1967년 베트남에서 막대한 사상자가 발생하자, 번스타인은 20세기 대재앙의 예언자로서 말러에 접근한다. 그는 점점 정치에 깊이 관여했으며, 청중들에게 정치적 사건의 흐름 속에서 도덕과 윤리적 입장을 바로 세울 것을 호소한다.

음악가 번스타인의 정치적 소신은 늘 대중들의 찬사에 둘러싸여 있지는 않았다. 1971년 톰 울프는 〈뉴욕매거진〉에서 번스타인의 정치를 '급진 행동취미'라 격하했다. 호화주택가에 사는 번스타인을 비꼰 발언이었다. 한국으로 따지면 '강남좌파(리무진 진보)'에 해당하는 지적이었다. 그럼에도 번스타인의 정치적 발언은 멈추지 않는다. 미국에서는 진보주의의 몰락, 새로운 군국주의와 우파독재정권을 애국이라는 이름으로 지지하고, 조세부담을 부유층에서 중산층과 서민에게 전가하는 선동적인 말장난이 시작된다.

1970년대 미국보수주의자와의 전면전에도 번스타인은 살아남는다. 그는 1990년 눈을 감는 순간까지 줄곧 미국문화의 근본적 모순을 표현해 낼 음악양식을 찾고 있었다. 그가 젊은 시절 가졌던 음악적 가치, 즉 예술작품은 창작자와 감시자를 하나의 사회적 정치적 공동체로 결속시킨다는 견해를 잃지 않았던 거다. 여기 미국 진보역사의 커다란 축을 담당했던 거인이 있다. 평생을 음악을 통해 정치발전에 기여하고자 했던 지휘자. 사람들은 번스타인을 '정치적 음악의 창조자'로 기억할 것이다.

마지막 장에서는 앞의 장에서 언급하지 못했던 책들을 골라 보았다. 오디오, 정치권력, 음악이론, 미학, 에세이 등 음악을 둘러싼 이런저런 주변의 이야기들을 모아 보았다. 오랜 세월 음악에 빠지다 보면 자연스럽게 음악과 관련한 주변의 텍스트들이 눈에 들어오기 마련이다. 작곡가 스트라빈스키(Igor Stravinsky)가 말했던가. 음악은 현재를 인식하는 유일한 영역이라고. 그렇게 우리는 음악을 읽으면서 삶을 이겨내고 시간을 초월한다.

제5장

다시, 음악을 읽다

36
브리티시 사운드에 취하다
『굿모닝 오디오』

최윤욱

음악중독자에게 좋은 오디오 시스템은 필수다. 여기서 '좋은'이라는 표현은 다양한 의미를 내포한다. 우선 비싼 가격의 오디오 시스템이 떠오를 것이다. 사실 오디오 수집(또는 교체)에 빠진 이들은 음악감상보다는 어떤 소리를 내는 오디오를 소장하느냐에 몰입하는 경우를 볼 수 있다. 안타까운 일이다. 음악보다 오디오가 먼저라니, 주객이 전도된 상황임이 분명하다. 세트에 수천만 원, 심하게는 억대를 호가하는 수입오디오를 산다는 건 웬만한 중산층들은 넘볼 수 없는 호사취미임이 분명하다. 심지어 전세 계약금을 털어 고가의 오디오를 구입한 남편 때문에 유산을 겪어야 했던 아내의 이야기가 오디오계에서 회자할 정도다. 이쯤하면 중증 오디오 환자임이 틀림없다.

다음으로 비싸지는 않지만, 남들이 좋다는 오디오를 구입하는 사례다. 첫 번째보다는 안전한 선택이지만 무릇 소리라는 건 듣는 자의 기호에 따라 천차만별이다. 따라서 막귀가 아니라면 무조건 시간과 노력을 투입해야만 한다.

　마지막으로 수년간 귀동냥 책동냥 검색 정보동냥질 끝에 취향에 맞는 오디오를 선택하는 거다. 물론 음악감상이 우선이어야 함은 말할 나위가 없고. 다른 공산품처럼, 오디오 또한 비싸다고 만족도가 정비례하는 경우는 흔치 않다. 소개하는『굿모닝 오디오』에서는 이처럼 입맛에 적합한 오디오를 선택할 수 있는 정보들이 빼곡하게 정리되어 있다.

　사실 필자는 오디오 전문가는 아니다. 틈나는 대로 오디오를 구경하고, 오디오 칼럼니스트로 활동하는 후배와 대화를 주고받는 게 전부다. 소장한 오디오 시스템 또한 단출한 편이다. 스피커는 스펜더, 앰프는 미션 사이러스, 시디플레이어는 케임브리지사 제품을 오랫동안 사용 중이다. 세트 모두 영국제이니 부족한 대로 브리티시 사운드에 근접한 음악감상을 하고 있다고 말할 수 있겠다. 그중에서 가장 아끼는 것은 20년째 사용 중인 스펜더 스피커다. 인켈에서 보스, 다시 스펜더로 스피커 시스템이 진화한 셈이다. 욕심 같아선 로저스나 하베스 스피커를 추가로 장착하고 싶은데 언제쯤 기회가 올지 모르겠다.

　참고로 필자가 소장한『굿모닝 오디오』는 2009년 발행한 초판이다. 따라서 2011년 4월 개정판으로 재출간한『굿모닝 오디오』와 인용문이 등장하는 페이지가 다른 점을 미리 신고한다.

　"골치 아픈 얘기는 잠시 접어두고 예산이 50만 원이면 어떤 스피커를 어떤 경로를 통해 구입해야 하는지를 더 구체적으로 알아보자. 이 정도 금액으로 스피커를 구입해야 한다면 신품보다는 중고를 사는 것이 좋다." (34p)

『굿모닝 오디오』가 처음 출간된 해가 2009년이니 적어도 2008년 이전에 책을 집필했을 것이다. 대략 10년 터울의 세월을 감안하면 스피커 구입예산은 100만 원이 적당하지 않을까 싶다. 저자의 의견처럼 필자 또한 용산 수입오디오 매장에서 중고로 스펜더 스피커를 구입했다. 벌써 1998년도의 일이다.

당시 중고가격으로 스펜더 스피커 SP 2/2 모델 중고가가 70만 원선이었다. 스펜더를 만난 장소는 결혼준비로 수입오디오를 사보겠다는 친구의 도우미로 들렀던 용산의 가게였다. 친구가 준비한 '뉴 트롤스'의 CD를 청음하는 순간, '뭐지, 이 공명스러운 소리는?'이라는 감동의 쓰나미가 몰려왔다. 눈만 껌뻑이는 친구를 옆에 두고 오디오를 구입하기 위해 서둘러 계약금을 넣었다. 당연히 집에 있던 보스301-2 스피커는 30만 원의 가격으로 스펜더 스피커와 교환했다. 차액 40만 원 지급으로 거래완료. 결혼준비에 들뜬 친구 대신 필자가 먼저 스피커를 사버린 거다. 저자는 굳이 오디오 상가가 아니라도 상관없다고 말한다. 그는 인터넷 장터에서 개인이 판매하는 중고오디오를 구입해보자고 권한다.

"초보자라면 빈티지 앰프보다는 제품이나 나온 지 몇 년 되지 않은 중고 앰프를 구입하는 것이 좋다. 저렴한 가격에 좋은 소리도 들을 수 있기 때문이다. 물론 빈티지 앰프보다 고장이나 트러블을 일으킬 가능성도 낮다." (48p)

사실 오디오에서 가장 중요한 기능을 발휘하는 부품은 스피커다. 가끔 음악관인 필자에게 오디오 구입에 대한 문의를 하는 이들이 있다. 필자 또한 부담 없이 중고오디오를 구입해보라고 권하는 편이다. 스피커의 중요성이 못해도 절반 이상인 관계로 구매자의 취향에 맞는 디자인과 음질을 청음해보는 것은 필수라는 조언을 잊지 않는다. 중고를 구입할 경우, 스피커에 비해 앰프는 고장의 위험이 도사리고 있다. 따라서 중고앰프를 구매할 예정이라면 오디오에 해박한 이의 조언을 참고할 필요가 있다. 중고물품의 제조연월일과 부품의 상태를 체크하기 위해서는 저렴한 가격만큼의 위험요소가 있음을 잊어서는 안 될 것이다.

> "아날로그 소리는 그저 편안하고 자연스러운 느낌의 소리 그 이상도 그 이하도 아니다. 처음 들어서 귀에 확 와 닿는 그런 소리와는 거리가 있다. 오히려 아날로그로 음악을 듣다가 CD를 들으면 첫 음부터 저음에 강한 에너지를 느끼면서 귀에 확 와 닿는 느낌이 든다." (91p)

작년 가을, 압구정동에서 열린 LP 음악감상회에 다녀왔다. 모 LP 판매사와 클래식 방송 DJ가 준비한 클래식 음악감상회였다. 60여 명 정도를 수용할 수 있는 청음실에서 울려 퍼지던 무소르그스키의 〈전람회의 그림〉은 그야말로 압권이었다. 특히 고음역에서 보여준 LP의 질감은 아날로그 사운드가 왜 지금까지 오디오 마니아의 사랑을 받는지 여실히 보여주는 순간이었다.

저자는 아날로그 사운드는 음악을 힘으로 압축해서 분출하지 않고 자연스럽게 흘러내리는 시냇물처럼 흘러나오는 소리라 오래 들어도 귀가 피곤해지지 않는다고 설명한다. 그는 그윽한 향의 빈티지 와인은 현대적이고 딱딱한 분위기보다는 고풍스러운 분위기 속에서 마실 때 맛과 향이 한층 더 깊게 느껴진다고 말한다. 이게 바로 아날로그 사운드의 정수인

LP의 음질이다. 턴테이블, 카트리지, LP라는 세 가지 요건이 충족될 때 비로소 아날로그 사운드는 완성된다. 여기에 조금 더 보태 진공관 앰프까지 갖춰진다면 그야말로 천군만마의 기세와 다를 바 없다.

『굿모닝 오디오』는 오디오 초보자들이 접근할 수 있도록 질의응답식의 편집과 저자의 경험담이 어우러진 안내서다. 그렇다고 깊이가 없다고 생각하면 오산이다. 가벼운 내용부터 전문가 뺨칠 정도의 오디오 부속기기에 대한 세세한 설명이 빠짐없이 실려 있다. 출판사의 기획력과 저자의 오디오 내공이 돋보이는 책이라 말할 수 있다. 최윤옥 저자는 책을 마무리하면서 오디오에 미쳐 좋은 음악을 놓치는 오류를 범하지 말기를 첨언한다. 저자의 말처럼, 내 인생 두 번째 취미로 오디오를 택해 보자. 좋은 음악은 좋은 오디오와 함께 다시 태어난다.

37
왜 히틀러는 바그너를 사랑했을까
『음악과 권력』
베로니카 베치

독일 최고의 문호 토마스 만은 정치무관심형 인간이었다. 그의 초기 작품에서는 정치적 영향권에서 벗어난 등장인물의 예술적 고뇌와 방황이 등장한다. 자신의 친형과는 달리 예술과 정치의 관념적 분리에 골몰했던 토마스 만. 그의 작품세계에 변화가 온 것은 장편『마의 산』에서였다.

작품의 주인공 한스 카스트로프는 인간은 선과 사랑을 위해 결코 죽음에 자기 사고의 지배권을 내주어서는 안 된다고 외친다. 이는 현실이 아무리 힘들어도 추구하는 이상이 존재한다면 절대 굴복할 수 없다는 사회성의 발로이다.『마의 산』후반부에 제1차 세계대전을 배치한 의도 역시 작가의 성향이 관념소설에서 사회소설로의 변신을 의미하는 부분이다.

예술과 정치. 유미주의자들에게는 거리감이 느껴지는 단어의 조합이다. 하지만 어떤 예술장르를 막론하고 예술은 정치권력과 영향을 주고받는 일란성 쌍둥이 같은 존재다.

클래식음악 또한 예외가 아니다. 여기 음악과 권력에 대한 궁금증을 해결할 한 권의 책이 있다. 제목 하여『음악과 권력』. 원제는『음악가와 권력』이다. 부언하자면 클래식 작곡가와 정치권력이 되겠다. 예술과 정치를 확대하여 해석하자면 토마스 만의 초기 저작활동처럼 정치에 침묵하는 태도 또한 정치적 행위에 포함된다. 이 또한 정치에 대한 암묵적 동조이기 때문이다.

독재자가 예술을 사랑했던 일화 또한 흥미로운 사례다. 일부 진보학자들은 고전음악을 숭상했던 나치스에 대해서 비판의 칼날을 세운다. 그들은 나치스가 좋아했던 고전음악가들마저 동급으로 비하하는 경우가 빈번하다. 과연 타당한 주장일까.

그렇다면 히틀러가 인정했던 고전주의 미술 또한 정치적으로 거부해야 할 미술사조일까. 인정할 수 없는 부분이다. 고흐의 작품을 퇴폐미술이라 명명하여 이를 멀리했던 나치스나, 칸딘스키와 샤갈을 서유럽 망명길에 오르게 하였던 소련 사회주의나, 예술에 대한 편향된 시각은 그들의 정치관에서부터 비롯된다. 그렇다면 고전음악이 창성했던 그때 그 시절에는 과연 무슨 일이 있었을까.

"그는 빈에서 예술가적 이기심을 충족시킬 수 있을 것이라 기대했고, 아무런 문제 없이 국왕의 궁정에 입성할 수 있을 것이라 기대했다." (124p)

인용글의 주인공은 모차르트다. 영화 〈아마데우스〉에서는 모차르트의 천재성에 주목하는 귀족의 시선에 초점을 모은다. 극장을 찾은 관객들은 마치 자신이 귀족이라도 된 듯한 착각 속에서 천재 음악가의 삶을 훔쳐본다. 그렇다고 모차르트가 귀족계급에 준하는 생활에 안착했을 것으로 생각하면 오산이다.

당시 잘츠부르크에서 활동하던 음악가들은 기껏해야 조직화한 교양 시민계급 정도의 대우를 받았다. 모차르트는 식사시간에 귀족의 시중을 드는 몸종보다 못한 대우를 받아야 하는 자신의 신세를 한탄한다. 귀족문화가 번창했던 유럽에서 서민으로 태어난다는 것은 굴욕적인 삶을 감수해야 한다는 사실과 일치했다. 귀족친화적인 음악에 몰두했던 모차르트는 마지막 작품에 가서야 대중친화적인 성향을 토해낸다. 〈마술피리〉가 바로 그것이었다.

"베토벤은 전쟁을 저주하였으며, 정치적 긴장완화와 안식을 희망했다."(222p)

귀족계급의 후원 없이 음악을 통해서 의식주를 해결해야 하는 상황은 중년기에 접어든 베토벤에게 위기이자 기회로 작용한다. 고전음악가의 후원자가 귀족이라면 현대를 살아가는 예술가들의 후원자가 기업으로 그 자리를 대체했을 뿐이다. 아픈 이야기지만 예나 지금이나 오케스트라를 운영하기 위해서는 후원금이라는 금단의 사과를 씹어야만 한다.

왕실에 대한 기대와 환멸, 보호와 경멸 사이에서 베토벤의 삶 또한 동요의 연속이었다. 무명시절 베토벤이 생계를 해결하기 위해서는 전통적인 방식대로 궁정에 고용되어야만 했다. 베토벤은 제후에게 세 편의 소나타를 헌정한다. 그는 자신이 원하는 음악이 아닌, 귀족이 원하는 음악을 만들어야 했다. 베토벤은 자유주의를 열렬하게 옹호했지만, 정치적으로는 카라얀처럼 미래를 내다볼 줄 모르는 인물이었다.

당시 오스트리아 정부는 군사외교 정책의 보좌역으로 음악을 내세웠다. 주변국가에게 화해와 소통의 수단으로 음악을 이용함으로써 정치적 목적을 달성하고자 했던 것이다. 유럽 클래식음악의 메카였던 오스트리아의 상황이 이 정도였으니 다른 국가의 상황은 말할 것도 없었다.

> "유대인 종족은 정결한 인류와 그들이 가진 고귀함에 반하는 원수로 태어났으며, 특히 독일인들은 그들로 인해 몰락해 왔다." (351p)

글의 주인공은 유럽 전체를 전쟁과 학살의 아비규환으로 몰아넣었던 히틀러가 아니다. 유대인 박해의 역사는 세계대전 이전부터 발발했다. 소개하는 인물은 음악가 리하르트 바그너다. 바그너 역시 살아가는 동안 만성적인 자금결핍에 시달렸다. 금전적인 고통에 시달리던 그는 내면에서 부자와 유대인에 대한 증오심을 키운다. 유대인의 금전에 대한 집착은 옛날부터 반유대주의의 가장 근본적인 뿌리였다. 이는 유대인 대부분이 고리대금업자로 활동했기 때문이다.

바그너의 오페라 〈니벨룽의 반지〉 시리즈에서 유대인에 대한 비방의 흔적을 찾아볼 수 있다. 가난한 오페라 작곡가는 유대인을 자신의 작품에서 무기창고에서 서식하는 벌레와 쥐로 형상화한다. 훗날 바그너는 독일 민족주의를 상징하는 초인으로 변신한다. 이를 나치스가 대중선동의 도구로 활용했음은 당연지사였다.

> "진보적이고 혁명적인 이상과 더불어, 바그너는 그 무엇보다 독일인이 선택받은 종족이라는 확신을 가지고 나아갔다." (394p)

흔히 베를린을 중심으로 한 북부 독일은 차가운 이성의 도시로, 남부 독일은 예술적 감성이 흐르는 도시로 묘사된다. 독일 남부지방인 프라이부르크에서 가 보면 여유가 넘치는 또 다른 독일인들의 모습을 볼 수 있다. 한국에서는 가뭄에 콩 나듯이 열리는 오페라 공연 또한 전용대극장에서 일 년 내내 관람할 수 있는 호사를 누릴 수도 있다. 남부 독일인들의 바그너 사랑 또한 대단하다. 바그너의 오페라가 열리는 주간에는 엄청난 인파가 오페라극장에 몰려든다.

바그너는 혁명을 통해 자신이 추구하는 애국주의의 성취를 맛보고자 했다. 기만적이고 뻔뻔스러운 프랑스 민족은 바그너의 평가절하 대상이었고, 기후적으로 열세에 있던 영국 또한 예외가 아니었다. 바그너는 하나의 단일적이고 진보적인 독일민족을 원했다. 히틀러는 독일을 위대하고 유복한 나라로 만들고자 했다. 문제는 어떻게 원하는 바를 이루느냐에 있었다. 그는 붓 대신 총과 칼을 선택했다. 행군하는 독일군인들이 노래를 부르면, 청중은 이 거대한 집단의 노래에 조건 없이 동화되었다. 청중은 음악을 듣는 순간 군인들을 동정하는 세력으로 변신했다. 히틀러는 국민의 영혼에 음악을 통한 영향력을 끼칠 수 있었다. 음악은 정치의 시녀인가. 답변은 무한권력을 꿈꾸는 지배자에 대한 영원한 숙제로 남겨놓자.

38
만들어낸 음악 vs 만들어진 음악
『대중음악이론』
키스 니거스

자본주의가 세계적인 유행으로 자리매김하면서 벌어진 현상은 바로 '상품화'였다. 경영학 비전공자들에게 상품이란 손에 잡히는 물체로만 인식하는 경향이 있다. 그 정도로 자본주의가 단순한 뇌구조를 가진 사상이었다면 수많은 자본주의 비판론자가 등장하지도 않았을 것이다. 자본주의라는 동물은 한마디로 잡식성에 가깝다. 녀석의 식탁에는 늘 상품과 시장이라는 메뉴가 등장한다. 그 옆에 새로 등장한 메뉴가 바로 음악이다. 누가 이 절체절명의 위기에서 음악을 구해낼 것인가.

몇 년 전 교보문고 광화문점에서 대중음악에 관한 연구서를 발견했다. 이름하여『대중음악이론』이라는, 참으로 대중음악스럽지 않은 밋밋한 제목이었다. 목차를 펼쳐보면 청중, 산업, 매개, 정체성, 역사, 지리, 정치라는 소제목이 등장한다. 보아하니 대중음악을 위에 언급한 요소별로 분석했다는 의미였다.

대중음악이 이렇게 복잡다단한 의미가 숨어 있다니. 청소년 시절 이런저런 음악을 섭취하면서 꿈과 낭만을 가졌건만 세상에 믿을 만한 예술은 없단 말인가. 역사시간에 문화예술사와 자본주의에 대한 학습이 조금이라도 있었으면, 하는 아쉬움이 앞을 가린다. 중학생 시절부터 좌·우파로 나뉘어 토론하는 프랑스 친구들 수준까지는 아니더라도 뭐가 뭔지 정도는 알고 살아야 하지 않을까. 손바닥으로 하늘을 덮으려는 유치한 역사적 작태는 학교에서도 변함없이 벌어진다.

사실 음악을 포함한 문화연구는 유럽에서 20세기 초반부터 진행됐다. 재미있는 사실은 문화라는, 나름 고상해 보이는 영역에까지 마르크스이론이 직간접적으로 영향을 미쳤다는 거다. 이후 세상이 경제적 자본과 노동으로 돌아간다는 마르크스 할아버지 이론의 다음 타자로 문화연구라는 영역이 등장했다.

『대중음악이론』에 등장하는 스튜어트 홀, 레이먼드 윌리엄스, 아도르노 등의 학자들이 바로 문화연구가라는 명함을 지닌 이들이다. 이쯤하면 만만하게만 보았던 대중음악에 대한 고정관념이 뿌리째 흔들릴 법하다. 당연한 이야기지만 책이란 우리가 착각하고 있거나 모르고 있는 사실을 알려주는 안내원이자 개인교수다. 능동적인 학습태도만 갖춘다면 누구나 전지전능한 만물박사가 될 수 있다.

"그러나 나는 '20세기 대중음악은 20세기 대중음반을 의미한다.'는 프리스의 일반론적 주장에 의문을 제기한다. 그의 주장은 20세기에는 세상 어디에도 산업화된 음반 제작과정의 '외부'에 존재하는 '대중음악'이 존재하지 않음을 암시한다. 또한, 20세기 대중음악사의 창조라는 막강한 능력을 음악산업에 부여한다." (99p)

여기 또 하나의 대중음악이론가가 등장한다. 이름하여 사이먼 프리스. 국내에서는『케임브리지 대중음악의 이해』(2005)와『사운드의 힘』(1996)이라는 책이 출간된 바 있다. 어차피 논문이나 이론서라는 게 기존 학자들의 이론에 덧칠한 상태로 나오기 마련이다. 저자 또한 다양한 문화 이론가의 이론을 토대로 자신의 논리를 펼쳐 나간다. 그는 대중음악이 음악산업의 산물이라고 주장하는 사이먼 프리스의 단선적인 논리가 비판의 여지가 있다고 주장한다.

다시 정리해보자. 사이먼 프리스 이전의 음악이론가는 록이란 음악산업이나 상업으로부터 독립적인 포크나 공동체의 표현방식 정도로 취급했다. 여기에 라면수프를 넣은 인물이 사이먼 프리스다. 록음악이 주창하는 순혈주의의 배경에는 자본주의의 수행세력인 음악산업이 버티고 있다는 것이다. 다시 여기에 다시마를 첨가한 인물이 책의 저자인 키스 니거스라고 보면 무난하다. 그는 음악이란 음악산업뿐만 아니라 목차에 등장하는 다양한 변수들을 고려해야 한다고 역설한다.

"소비자는 더 이상 음반가게를 찾아갈 필요가 없다. 단지 컴퓨터 모니터로 음악카탈로그를 살펴보고 상품을 선택한 다음 사운드와 가사와 그래픽과 동영상이 직접 집으로 배달될 때까지 기다리면 된다. 이 상품에 대한 요금은 월말에 전화요금청구서가 도착할 때 지불하게 된다." (163p)

음악의 이동경로는 음반을 통해서, 음반은 음반점을 통해서, 음반점은 메가스토어라는 대형체인점으로 이동했다. 여기까지가 20세기 대중음악 이론가들이 말했던 음악산업의 흐름이었다. 저자는 이제 디스크의 형태로 공장에서 육로로, 선로로, 항공으로 운송되어 음반가게의 선반 위에 자리하는 전통적 방식이 사라졌다고 말한다. 이제 남은 것은 유형의 불법음반이 파일이라는 무형의 불법음원으로 버젓이 존재한다는 것이다. 이를 통제할 수 있는 연합체가 필요함은 당연한 논리다.

키스 니거스는 한발 더 나아가 전달방식의 변화는 음악산업만이 아니라고 설명한다. 거대 텔레커뮤니케이션 기업의 등장이 이를 말해준다. 이들은 기존의 팩스와 전화사용이 가진 잠재력과 음악유통에 광학케이블과 위성시스템을 사용하는 방법을 개발한다. 따라서 음악산업의 변화는 인류의 커뮤니케이션 과정의 일부분이라는데 의견이 모인다.

"록 뮤지션, 청중, 저널리스트들은, 록이 상업적 의도에 의해 출발한 음악이 아니며 록 연주자들은 음악적으로 복잡한 무언가를 생산하는 진지하고 창조적인 아티스트라고 주장함으로써, 자신들을 차별화하고자 했다." (249p)

역사적인 측면에서 보자면 이러한 록음악의 태동은 이견이 없을 듯싶다. 여기에 음악산업이 슬쩍 끼어든다. 음악산업은 리버풀에서 활동하던 무명밴드를 런던으로 진출시키고, 다시 후기자본주의의 격전장인 미국으로 진출시킨다. 이른바 브리티시 인베이전의 시대였다. 영국 대중음악가들은 산업자본의 배후조종에 따라서 음악적 반경을 넓혀갔다. 비틀스(The Beatles), 레드 제플린(Led Zeppelin), 롤링 스톤스(The Rolling Stones) 등의 백인 영국밴드가 이러한 음악산업의 영향권 내에서 활동했다.

결국, 노동계급 또는 학교계급에서 여가 활용의 수단으로 동원하던 록음악이 산업자본과 결탁하는 과정이 답습되었다고 저자는 말한다.

키스 니거스는 후반부에서 음악이 제공하는 감정적 커뮤니케이션은 단순히 주관적이고 직관적이거나 비이성적인 것이 아니라, 반합리주의 형태를 구성함으로써 소속감이나 연대감을 형성하고 여러 지역에 산포되어 있는 다양한 사람들의 상호이해를 형성한다고 주장한다. 이러한 잠재력은 교육의 본질과 목적에 대한 중요한 시사점을 가진다. 정부는 음악이 내장하고 있는 잠재력을 감시하고 통제함으로써 발전과 확산을 가로막는다.

저자의 논리는 마치 부르디외의 문화이론처럼 대중음악과 산업이라는 두 가지 요소에서 사회, 정치, 지리적인 요소들로 대중음악을 세분화한다. 그는 대중들이 청취하는 음악의 정체란 복잡다단한 문화변수 속에서 존재한다고 설명한다. 이는 문화자본주의를 넘어서는 다양한 요소들의 정체를 인지할 때, 진정한 대중음악의 이해가 가능할 것이라는 전언과도 같다. 결국, 음악이란 들리는 것 외에 고려해야 할 수많은 변수를 이해할 때, 의미 있는 감상이 가능한 매체다.

39
막시스트의 예술여행
『신음악의 철학』
아도르노

음악에 미치면 음반과 음악가와 역사로 관심의 촉이 이동하기 마련이다. 이 정도로 충분할까. 관심도에 따라 그럴 수도, 아닐 수도 있다. 이 단계를 넘어서면 예술철학, 즉 미학으로 관심의 지평이 넓어지는 경우가 종종있다. 소개하는 『신음악의 철학』은 마지막 단계에 읽을 만한 책으로 분류된다. 제목처럼 내용 또한 진도를 뽑기가 만만치 않다. 게다가 클래식 중에서도 현대음악에 관심이 없는 이에게는 부담스러운 내용들이 적지 않다.

대부분의 정통 인문서적은 『신음악의 철학』처럼 쉽사리 페이지를 넘길 수 없다. 겨우 절반을 넘어섰는데 도대체 무슨 내용을 읽었는지 기억이 가물가물하다. 남은 페이지를 보니 한숨이 앞을 가린다. 이를 틈타서 가볍게 읽을 만한 인문서적들이 속속들이 등장한다. 사실 이렇게라도 해서 인문학이 관 속에서 뛰쳐나온다면 얼마나 좋을까. 난이도에 따라 정신적 파장의 길이가 달라지는 건 책이나 사람이나 매한가지다. 쉽게 친해진사람은 그만큼 쉽게 멀어진다. 뻔한 내용이 인쇄된 책은 오감을 자극하지 못할 뿐 아니라 기억에서도 쉽게 증발한다.

그럼에도 이 책에 도전하고 싶은 이라면 쉰베르크와 스트라빈스키의 음악을 먼저 들어보자. 아바(ABBA)의 노래처럼 신명 나지 않고, 듀크 엘링턴(Duke Ellington)의 스윙재즈처럼 생기발랄한 리듬감이 느껴지지도 않을 것이다.

이게 바로 막시스트로 불렸던 아도르노의 음악이론이다. 그는 산업사회의 병폐로 음악을 포함한 대중문화의 폭력적 유입현상을 지적한다. 프랑크프루트 학파의 적자답게 아도르노는 이러한 대중문화의 획일화의 배경에는 정치권력의 검은 손이 버티고 있다고 언급한다. 그는 1940 후반에 자신의 논문을 바탕으로 완성한 『신음악의 철학』에서는 재즈조차도 음악적 가치를 논하기에는 부적절한 대중문화의 불행아로 취급한다. 하물며 왈츠나 대중가요는 말할 것도 없음이 분명하다.

> "오늘날, 음악철학은 오로지 신음악의 철학으로서만 가능하다. 우리가 지켜야 할 것은 바로 저 이윤 동기에 의해 지배당하는 문화를 폐기하는 일이다. 이 문화는 야만성에 의해 자기 스스로 격분하면서도 자기 스스로 야만성을 조장하는데 기여하고 있을 뿐이다." (26~27p)

도대체 아도르노가 말하는 신음악의 정체는 무엇일까. 그는 낭만파 이후 등장한 현대음악 모두가 음악철학을 논할 만한 범주에 들지는 않는다고 주장한다. 현대음악만 해도 머리가 쪼개지는 마당에 여기에 또 잣대를 들이댄다. 아도르노의 기준대로라면 철학을 논할 만한 음악은 극소수에 지나지 않는다. 그것도 공연 레퍼토리에서 늘 변방에 속하는 현대

음악이라니.

그는 쇤베르크 음악에 대한 몰이해에 대한 분노를 이용해 역으로 여타 음악에 대한 이해로 합리화시키려는 청중에 분노한다. 이는 쇤베르크 류의 신음악은 주지주의, 즉 가슴이 아닌 머리에서 나오는 음악일뿐더러 악보 위에서 계산되어 나오는 음악일 따름이란 일반론에 대한 반론이다. 이러한 합리화는 마치 지난 300여 년간 지속한 고전주의 혹은 낭만주의 음악의 어법이 마치 음악의 본류라도 되는 것처럼 주장하는 작태와 다름이 없다고 저자는 지적한다.

"대량생산의 카테고리들에서 구축된 예술이 이데올로기의 생산에 이바지할 뿐이며 예술의 기법도 억압의 기법에 지나지 않는 한, 이것이 아닌 다른 것, 즉 예술의 기능이 없는 것이 예술의 기능이 된다." (164p)

아도르노가 바라보던 예술의 생산자, 즉 예술가란 어떤 존재일까. 그는 예술가란 예술을 통제하는 사회에 대한 모순을 스스로 해체할 수 없는 존재라 정의한다. 예술가란 고작 이러한 절망적 상황에서 사회에 대립하는 것 외의 역할은 불가능하다는 의미다. 특히 신음악 운동 이전의 예술가들은 아도르노의 관점에서 볼 때 사회적으로 무기력한 존재임이 틀림없다.

그는 산업혁명 이후 대량생산체제에서 등장한 문화산업이 사회적 억압수단 이상의 의미는 없다고 주장한다. 따라서 산업적인 확산 일부분으로 재단된 대중음악은 최신 심리기법과 선전을 동원하여 청중을 다루는 존재라고 말한다. 결국, 문화산업은 소비자를 항상 비슷한 일상의 반복에 묶어둠으로써 개인에 대한 사회적 지배가 반복된다는 결론에 이른다. 1950년대 이후 등장한 디스코를 포함한 댄스뮤직 역시 이러한 예가 될 것이다.

"스트라빈스키는 이어서 후기산업사회의 회피할 수 없는 압력 아래에서 보편화되는 것과 같은 형태의 도식을 고안해 낸다. 모든 것은 후기산업사회가 무방비 상태의 구성원들에게 강압적으로 요구하는 것, 즉 자아를 삭제할 것, 무의식적 기민함을 지닐 것, 그리고 전체에 대해 맹목적으로 순응할 것과 같은 것들을, 이미 구성원들이 그곳에서 스스로 본능에 따라 원하고 있었던 것처럼 보여준다." (234p)

아도르노에게 감성적인 청취란 위대한 음악임을 보증해주는 요소가 아니었다. 쇼팽의 독주곡을 감상하면서 눈물을 흘리는 행위가 음악적 가치를 설명해주는 것과는 다른 태도라는 아도르노의 주장은 급진적이다. 그는 사회적 요소들과 그것들의 갈등에 대해 개념적으로 매개된 인식이 비로소 위대한 음악이 성취할 수 있는 부분이라고 설명한다. 그가 바라보는 프롤레타리아(Proletariat) 계급이란 이처럼 음악적 주체가 되는 것 자체를 금지당한 존재다. 이러한 억압적 속성을 벗어난 음악이 쇤베르크의 음악이다.

그는 예술작품들은 사회를 모방하는 일이 거의 없으며 사회에 대해 완벽하게 알 필요가 없다고 주장한다. 아도르노가 재단한 예술의 제한적 역할이란 심히 의심스러운 설정이다. 디에고 리베라의 벽화운동이 사회적 이슈와는 별개로 움직이는 예술작업이라는 말에 선뜻 동의할 이는 많지 않을 것이다. 예술이 단지 역사가 인간에게 주는 공포에 대한 긴장관계의 결과물이라면 그것을 뛰어넘는 단초는 결국 예술 그 자체가 제공할 수도 있다는 이야기다.

스트라빈스키에 대한 저자의 시각은 제한적이다. 그는 세계의 냉혹함을 이겨내기 위한 결과물로서 스트라빈스키의 작품 〈봄의 제전〉을 해석한다. 스트라빈스키는 결국 산업사회의 병폐를 여과 없이 수용하는 예스맨이라고 아도르노는 비난한다.

그는 스트라빈스키를 포함한 대다수 음악가의 소극적인 태도, 즉 후기산업사회의 산물인 인간소외 현상을 묵시하는 상황을 비판적으로 해석한다. 파괴적인 현대문명에 대한 순응적 음악가로서의 스트라빈스키와 음악적 진보의 상징으로 인정한 쇤베르크. 아도르노가 바라본 음악철학이란 극소수의 음악가만의 공론장이다. 그가 쌓아올린 음악철학의 장벽을 무너뜨릴 새로운 이론이 절실한 시대다. 막시스트의 예술여행의 종착지는 어디일까. 적어도 대량복제 시대의 산물로 전락해버린 대중음악이 아도르노가 원하는 정답은 아닐 듯싶다.

40

1971년생 나이 탐험가의 독백

『보통의 존재』

이석원

마지막 편은 그룹 '언니네 이발관'의 리더로 활동하는 이석원의 에세이 집을 골라 보았다. 일본 포르노 영화 제목에서 따왔다는 그룹명은 한국 인디-신을 말할 때 빠지지 않고 등장하는, 홍대 인디밴드의 상징이 되었다. 1996년 등장한 이들의 첫 번째 음반 〈비둘기는 하늘의 쥐〉는 예상을 깨고 무려 2만여 장이 팔리는 기염을 토한다. 이후 〈후일담〉(2집), 〈꿈의 팝송〉(3집), 〈순간을 믿어요〉(4집), 〈가장 보통의 존재〉(5집)에 이르기까지 언니네 이발관은 보통스럽지 않은 완성도를 자랑하는 음반들을 시장에 선보인다.

이석원이 쓴 『보통의 존재』는 5집 음반을 발표한 이듬해인 2009년에 등장한다. 첫 페이지를 넘기면 흥미로운 소개글로 출사표를 던진다. "모든 것은 어느 날. 자신이 결코 특별한 존재가 아니라는 섬뜩한 자각을 하게 된 어떤 사건으로부터 비롯되었다."라는 저자소개가 내용의 전부다. 군더더기가 없는 책의 도입부가 마음에 쏙 든다.

"하나의 글이 완성되기까지 그것이 장편이든 단편이든, 소설이든 수필이든 간에 상관없이 어떤 글이건 완성되기 전 작업 과정에 있어서만은 그 내밀성이 보장되어야 한다. 독자는 완성되기 전 채 여물지 않은 글의 모자람을 애써 엿보려 해서는 안 되고 작가는 중간에 섣불리 공개하는 실수를 범하지도 말아야 한다. 과정은 언제나 비밀에 붙여져야 하며 사생활은 보장되어야 하기 때문이다." (26p)

소개하는 글의 제목은 〈사생활〉이다. 저자는 외출을 위해 자신의 몸을 씻는 순간을 세밀하게 묘사한다. 왜일까. 이석원은 드라마나 영화 속에서 배우들의 삶이 보기에 산뜻하고 간편해 보이는 이유가 바로 이러한 과정의 추함과 번거로움이 생략되어 있기 때문이라고 말한다. 세상의 많은 일이 그렇듯 그 과정 자체는 아름답지 못하다는 의미다. 따라서 저자는 절망한다. "사람은 혼자 있을 때 이루 말할 수 없이 더럽고 이루 말할 수 없이 한가롭다."라는 시작글이 섬뜩하다.

그가 생각하는 사생활의 대상은 무엇일까. 우선 집이 있겠다. 다음으로 결혼이 등장한다. 모든 비밀이 없어졌을 때, 상대의 신비로움도 사라져버린다는 것. 결혼이란 남녀 간 사랑의 합체이기 이전에 무엇보다 사생활과 사생활의 결합이라는 것. 다음으로 휴대폰과 개인용 컴퓨터가 등장한다. 공개되지 않는다는 느낌은 사람을 자유롭게 한다고 저자는 속삭인다. 비공개 속에서만 가능한 자유. 우리는 이렇게 자유를 차단당한 미라의 형상으로 살고 있다.

"나는 이제 안다. 내 키는 크지 않다는 걸. 난 결코 잘 생기지 않았다는 걸. 난 잘나지도 똑똑하지도 않은 사람이라는 걸. 어쩌면 진작부터 알았을지 모른다.

다만 진짜 내 모습을 보고 싶지 않았을 뿐." (183p)

음악이야기가 쉬이 등장하지 않는 음악가의 에세이다. 하지만 이석원의 글에서는 그의 노랫소리가 들려오고, 외롭고 고적한 노랫말들이 묻어 나온다. 그는 자신을 안다는 것이 잔인한 일이라고 단언한다. 다시 왜일까. 누구나 자신에 대한 기대라는 것이 있고 그것이 실제로 오르기 어려운 산이라는 것을 깨닫기까지 어느 정도의 세월이 필요하기 때문에. 그 깨달음을 스물다섯에 얻는다면 그건 바보 같은 일일 것이라고 말한다.

저자는 마흔이라는 나이를 자신이 보통의 존재라는 걸 깨닫기에 적절한 나이라고 설명한다. 그때가 되면 마지막 몸부림도 쳐보고 온몸으로 거부도 해보지만 받아들이지 않으면 안 되는 것은 나 자신에 대한 거부할 수 없는 확인이라고 적는다. 결국, 있는 대로 자신을 드러내는 것이 가장 훌륭한 감추기이자 꾸밈이라고 저자는 보통의 존재에 대해서 설명한다.

"음악을 시작한 것도 남들처럼 하고 싶다는 열망에서 비롯된 것이 아니요, 하면서도 음악을 하고 있어서 행복하다 느껴본 적은 별로 없었기 때문에 나의 음악생활은 그다지 즐거운 것이 아니었다. 단지 내가 이 일에 그토록 매달렸던 건 그 순간 생을 그렇게 살아낸 것뿐, 꼭 음악이기 때문에 그렇게 한 것은 아니었다." (320p)

이석원은 2006년 인사동에 가게를 차린다. 멤버들이 반대했지만 강행했고 팀은 해산의 아픔을 겪는다. 이후 작은 깨달음을 얻는다. 이 넓은 세상에서 자신이 얼마나 미미하고 작고, 하잘 것이 없는지를 알게 된 사건이 벌어졌다고 저자는 고백한다. 결국, 자신이 선택할 수 있는 카드는 음악이라는 칼을 빼 드는 것 외에는 없었다.

　다섯 번째 음반 〈가장 보통의 존재〉를 준비하면서 이석원은 비로소 음악이 자신에게 어떤 의미인지, 자신이 왜 이 일을 해야 하는지 조금씩 알아가기 시작한다. 보통의 존재를 통해서 보통 이상의 음악을 만들어낸 것이다. 이후 발표한 음반 〈가장 보통의 존재〉는 2009년 제6회 한국대중음악상 올해의 음반, 최우수 모던록 음반, 최우수 모던록 노래를 수상한다.

"의자에 관한 한 너무나도 주관적인 나의 몸을 위해 세상에서 제일 편하다는 stressless 소파 사기. 갖지 않고는 견딜 수 없을 만큼 탐스러운 백 권의 책과 녀석들이 꽂힐 책장. 내 방에 놓을 오디오, 아주 어쿠스틱한 질감의 피아노. 더 이상 형광등을 켠 채 잠들지 않아도 되게 해줄 머리맡에 켜놓을 작은 스탠드 하나. 그리고 '돈' 그 자체의 수집." (351p)

　무슨 내용일까. 저자는 녹음이 끝나면 돈을 좀 더 가치 있는 곳에 쓰기 위해 아끼고 모아서 하고 싶은 것을 나열한다. 『보통의 존재』의 출간은 '언니네 이발관'의 신보처럼 반가웠다. 인터넷 서점에서 구입한 책꾸러미에서 제일 먼저 『보통의 존재』를 꺼내 들었다. 하지만 금세 실망감이 밀려왔다. 음악에 대한 언어들은 좀처럼 찾아볼 수 없었기에.

　저자는 말한다. 이건 음악을 잊기 위해서 적어 놓은 이야기들이라고. 시간은 가끔 용서와 화해의 수단이 되기도 한다. 5년 만에 다시 집어든 『보통의 존재』는 괜찮은 에세이집이었다. 물론 필자가 제일 좋아하는 '언니네 이발관' 4집만은 못해도 말이다.

　이석원은 책 376페이지에서 공개일기를 쓰는 의미를 정리한다. 세상은 자기만 알고 있어도 되는 사적이고 개인적인 이야기를 굳이 공개적으로 쓸 때엔 관심을 보이지 않지만, 생각을 드러내는 일에 대해서는 상당한 너그러움과 호기심을 갖고 대해준다고 털어놓는다. 과연 그럴까. 세상은 자신에 대해서 무관심과 너그러움과 호기심을 동시에 가지고 있는 다면적인 존재일까. 이 부분은 물음표로 남겨놓자. 그나저나 '언니네 이발관'의 6집은 언제 나오는 걸까. 이석원은 책보다는 음악에서 더 큰 마무리를 발한다. 가장 보통스러운 생각으로 던져 본 말이다.

음악에 미쳐야하는
몇 가지 이유

이게 웬일일까. 100평 남짓한 음반매장이 텅 비어 있다. 서서히 시야에 빨간불이 들어온다. 내게 주어진 시간은 달랑 60분. 부지런히 쇼핑카트에 매장에 진열 중인 희귀음반을 담는다. 클래식, 록, 포크, 재즈 할 것 없이 닥치는 대로. 헉, 이 LP세트는 말로만 듣던 요한나 마르치가 연주했다는 바흐의 무반주 바이올린 소나타와 파르티타. 그것도 초반이네! 순간 호흡이 불규칙해진다.

'여기는 런던 피카디리 서커스 광장에 있는 음반판매장. 이제 겨우 50여 장의 LP를 챙겼다. 100장까지 LP 종류를 막론하고 공짜니까 서둘러야지….' 라는 백일몽을 30대까지만 해도 연중행사로 경험했다. 이런 호화찬란한 꿈은 깨는 순간 쏟아지는 허탈감을 감당하기가 만만치 않다. 음반에 대한 집착이 예전 같지 않아서일까. 요즘은 이런 내용의 용꿈을 꾼 기억이 없다.

사람들과 음악이야기를 하다 보면 자주 듣는 두 번째 질문이 있다. 도대체 어떻게 그 많은 음악비화를 외우고 있느냐는 거다. 학생 때부터 암기과목에는 젬병인지라(그렇다고 비암기과목에 강한 것도 아니었다.) 아예 '외운다.'라는 용어 차제를 증오했다.

사실 음악에 미친 인간들은 이런 잡다구리한 음악 뒷이야기를 외울 필요가 없다. 미디어매체에서 하루가 멀다 하고 쏟아 내는 연예인 비화에 대중들이 촉각을 세우듯이 음악비화 역시 마니아들에게는 스치기만 해도 평생토록 애인의 이름처럼 기억된다는 사실. 요는 지능이 문제가 아니라 관심의 문제다.

음악만큼 인간의 사고를 살포시 자극하는 존재는 없다. 이유는 하나. 형체가 없기 때문이다. 게다가 음악감상과 동시에 다른 경제적인 활동이 가능하다. 음악을 들으면서 다른 일을 할 수 있다는 거다. 그래서일까. 대충 열 살이 넘어서부터 늘 음악을 틀어놓고 무엇인가를 했다. 물론 음악감상에만 몰두하는 것만큼 행복한 일이 어디 있으랴. 하지만 음악만 듣기에는 나름 할 일들이 적지 않더라.

이렇게 하루에 몇 시간씩 음악에 취하다 보면 자연스레 호기심이란 게 발동한다. 듣는 것만으로는 양이 안 차는 거다. 지미 헨드릭스, 제니스 조플린, 짐 모리슨은 왜 27살까지만 살았을까. 비틀스는 왜 인도음악을 자신들의 앨범에 넣었을까, 존 콜트레인은 왜 마일스 데이비스한테 구박을 받았을까, 라는 의문들이 음악과 함께 쏟아지는 현상. 나는 이 현상을 해결하기 위해 음악을 '읽기로' 했다.

당연히 음악 마니아 자격증 같은 것은 대한민국에 없다. 따라서 닥치는 대로 관심 가는 활자를 읽어 나갔다. 신문에 나온 음악기사에서부터 월간지, 단행본, 원서에 이르기까지. 지금이야 손을 놓았지만, 마음에 드는 기사는 가지런히 파일에 모았다. 그렇게 모은 파일철이 스무 권가량 된다. 세상은 넓고 읽을 만한 음악기사는 많더라.

그렇게 40년 가까운 세월을 보냈다. 그런 과정에서 우리나라에도 읽을 만한 음악서적이 나오기 시작했다. 20대에만 해도 상상도 못할 책들이 당당히 서점가판대에 등장했다. 이젠 읽을 책이 궁한 게 아니라 어떤 책을 읽어야 할지 감이 잡히지 않는 시대다. 대충 아는 자는 많은데 제대로 아는 자는 많지 않더라.

글쓰기는 이런 연유에서 시작되었다. 그동안 읽은 책들이 모두 사람, 역사, 음악에 관한 이야기가 대부분이었다. 다른 서평책은 많은데 왜 음악 서평집은 없을까, 라는 아쉬움이 사라지지 않았다. 자연스레 서재 하나를 가득 채우고도 남는 음악서적에 시선이 갔다. '욕심 같아선 음악장르별로 한 권씩 서평시리즈를 내볼까.'라는 생각도 해보았다.

하지만 음악이 생활이 아닌 취미로 취급당하는 현실상 책을 출간하는 것만 해도 의미가 있다는 결론에 도달했다. 책을 선별하는데 그리 오랜 시간이 걸리지 않았다. 문제는 선별한 책 외에 관련 서적을 무려 100여 권 이상 준비해야 하는 과정이었다. 지난한 작업을 버티게 해준 건 역시 음악이었다. 음악을 들으면서 음악에 관한 글을 쓴다는 것. 나름 쉽지 않았지만 마치고 나니 역시 음악만 한 친구가 없더라.

쇼펜하우어는 "모든 예술은 음악의 상태를 지향한다."라고 말했다. 계절의 여왕이 5월이라면 예술의 대마왕은 다름 아닌 음악이다. 인간이 만들어낸 최고의 예술이 인간의 이기로 인해 과거의 영예를 누리지 못하고 있다. 그 희생양이 SP, LP, CD, 파일이라는 존재로 겉모습을 바꿨을 뿐, 이제 음악은 정말이지 완벽한 투명인간이 되어 버렸다. 컴퓨터 한 대면 수천수만 곡의 음악을 저장할 수 있다. 평생 들을 수 있는 음악이 순식간에 모이는 것이다.

문제는 그다음부터다. 들을 만한 음악은 넘쳐 나는데 예전만큼의 간절함이 없다. 한 장의 LP를 구하기 위해 수년간 문지방이 닳도록 음반점을 헤매던 기억들, 우연히 구한 톰 러시(Tom Rush)의 LP를 끌어안고 광화문 사거리를 활보하던 추억, 음악에 얽힌 뒷담화를 끝도 없이 풀어내던 음반점 주인장들, 이 모든 것이 빛바랜 흑백사진으로 남아 있다.

이제 마지막 남은 것은 전자책이 아닌, 나무향기 그윽한 음악서적이다. 나는 그곳에서 과거의 기쁨을 만나고, 현재의 먹먹함을 이겨내고, 미래의 가능성을 열망한다. 그 때문에 나는, 오늘도, 음악을 듣는다.

책을 완성하게 해준

이젠 사라진 중고음반점 〈메카〉의 병인이형,

명륜동 음반점을 사수하던 쌍둥이 형님들,

명동의 터줏대감 세환이 아저씨,

올디스 음악의 보고였던 광화문 〈진레코드〉,

대학로 〈바로크 레코드〉, 홍대 〈마이도스〉,

지금은 사라진 대학로 음악카페 〈올맨〉,

아트록의 전도사 성시완님,

홍대의 마지막 자존심을 지켜주는 음악카페 사장님들,

흔쾌히 추천사를 허락해준 〈메타복스〉 조남걸 대표님,

그리고 세상의 많은 소리를 알려준 음악도서에게 큰절을 올린다.

_문화주독자 이봉호

이 책을 읽을
당신과 함께
하고 싶습니다!

stickbond@naver.com

이 책을 읽은
당신과 함께
하고 싶습니다!